AF345351

CATALOGUE

DE

LIVRES

EN TOUS GENRES

DE

LITTÉRATURE,

QUI SE TROUVENT

A BRUXELLES;

Chez Du Jardin, Libraire de LL. AA. RR.,
au bas de la Montagne de la Cour.

A BRUXELLES.

M. DCC. LXXXII.

AVERTISSEMENT
DU LIBRAIRE,

LE Catalogue, que j'ai l'honneur de préſenter aux Amateurs de la Littérature, eſt celui de mon aſſortiment actuel.

Quoique la Littérature Françoiſe, ſoit l'objet auquel je me ſuis principalement attaché, je m'engage néanmois à recevoir & remplir dans un terme très-court, les commiſſions, qui me ſeroient données pour des Ouvrages en Laugues étrangeres, notamment en Latin, Allemand, Italien, Anglois, Hollandois, &c.

Je me chargerai, à bien plus forte raiſon, de procurer tous les livres François, anciens & modernes & dans tel genre que ce ſoit, qui ne ſeroient point énoncés au préſent Catalogue, même ceux qui ne ſe trouvant plus dans le cours ordinaire du commerce, exigeroient des recherches particulieres.

A l'égard des nouveautés de Paris, je puis dire qu'il n'eſt pas poſſible d'en être mieux ſervi, puiſque j'ecris dans la ditte

ville, tous les jours réguliérement & fan
intérruption, pour remplir les com-
miffions que je reçois journaliérement, de
forte que l'on peut-être affuré d'être ferv
avec la plus grande célérité & au prix le
plus favorable.

Cette affurance n'eft point bornée aux
livres. Je procurérai de même les *Par-*
titions d'Opéra & autres Mufiques, Eftam-
pes, Cartes Géographiques, enfin tout ce qui
eft rélatif à la Librairie,

Bruxelles le 17 Avril 1782,

Du Jardin.

CATALOGUE
DE
LIVRES

Qui se trouvent chez Du Jardin,
Libraire de LL. AA. RR.

A

A Bailard (l') supposé ou le sentiment à l'épreuve. in 12. *Paris*, 1781.

Abelard, (le nouvelle) ou Lettres de deux Amants qui ne se font jamais vus. 4 vol. in 12. *en Suisse*, 1779.

Abeille (l') littéraire, ou choix des morceaux les plus intéressants de philosophie, d'histoire, de littérature, de poësie. &c. 4 vol. in 8. 1779.

Abrégé de toutes les Sciences, à l'usage des enfans. nouv. édition. in 12. avec fig. *Brux.* 1782.

Abrégé de Mathématiques formant la premiere partie des opuscules de M. l'Abbé Sauri, à l'usage des jeunes gens de l'un & de l'autre sexe. &c. in 12. *Paris*, 1779.

Abrégé de la Vie des plus fameux Peintres avec leur Portraits, gravés en taille douce, par M***. nouv. édition. 4 vol. in 8. *Paris*, 1762.

Abrégé de la grammaire à l'usage des Anglois qui veuillent apprendre le François. in 12. *Londres*, 1782.

Abrégé du traité de l'Ortographe François communément appellé le Dictionnaire de Poitiers. in 12. *Poitiers*, 1777.

Abrégé des principes de la Grammaire Françoise, dédié aux Enfans de France, par **M. Reftaut.** *Brux.* 1778.

Abrégé de la Grammaire Françoise, par **M. de** Wailly. in 12. *Paris*, 1778.

Abrégé de la Grammaire Françoise, à l'ufage des écoliers & des écolieres. *Brux.* 1762.

Abrége de la nouvelle Méthode préfentée au Roi. pour apprendre facilement la Langue Latine. nouv. édition. in 12. *Paris*, 1775.

Abrégé de la Géographie, par **M. l'Abbé Nicolle** de la Croix, augmenté d'une Géographie des Pays-Bas, par **M. J. F. Fabre.** in-12. *la Haye*, 1760.

Abrégé portatif du Dictionnaire Géographique de la Martiniere. in 8. *Lyon*, 1759.

Abrégé de l'hiftoire Poétique, par le **R. P. Jofeph** Jouvency. in 12. *Paris*, 1769.

Abrégé chronologique de l'hiftoire Eccléfiaftique, contenant l'hiftoire de l'Eglife d'Orient, & d'Occident, les Conciles généraux & particuliers, les Auteurs Eccléfiaftiques, les fchifmes, les héréfies, les inftitutions des ordres Monaftiques &c. 3 vol. in 8. *Paris*, 1768.

Abrégé de l'Embryologie Sacrée, ou traité des devoirs des Prêtres, de Médecins, des Chirurgien & des Sages Femmes, envers leurs enfants, qui font dans le fein de leurs Meres. in 12. *Paris*, 1774.

Abrégé de la vie des Saints, par **M. J. ***.** 2 vol. in 12. *Rouen*, 1777.

Abrégé de l'Hiftoire & de la morale de l'ancien Teftament, où l'on conferve autant qu'il eft poffible, les propres paroles de l'Ecriture Sainte, avec des éclairciffemens. in 12. *Paris*, 1778.

Abrégé de l'hiftoire de Port-Royal, par **M. Racine,** fervant de fupplément aux trois volumes. in 12. *Vienne*, 1767.

Abrégé de l'hiftoire Sainte, **par demande & par** réponfes. in 12. *Paris*, 1780.

(3)

Abrégé de la Sainte Bible en forme de queſtions
& de réponſes familiaires , avec des éclairciffemens tirés des Saints Peres & des meilleurs
Interprétes ; revue & corrigée , par le R. P. D. Robert Guerard Benedictin. 2 vol. in 12. *Paris* , 1777.

· Abrégé de la Vie & des vertus de Mademoiſelle
Marie-Joachim Eliſabeth de Leurencourt. in 12.
Malines , 1781.

Abrégé de la Vie de Louis Stefanelli , Domeſtique
du Cardinal Cibo , trad. de l'Italien. in-12. *Paris* , 1779.

Abrégé de la Vie de St. Vincent de Paul, Infti-
tuteur de la Congrégation de la Miſſion , & des
Filles de la Charité. in 12. *Paris* , 1781.

Abrégé de l'Hiſtoire Générale des Voyages , contenant ce qu'il y a de plus remarquable , de plus
utile & de mieux avéré dans les Pays où les
Voyageurs ont pénétré les Mœurs des habitants ,
la Réligion , les uſages , Arts & Sciences, Commerce Manufactures , enrichie de Cartes Géographiques , & de fig. 22 vol. in 8. *Paris* , 1780.

Abrégé Chronologique de l'Hiſtoire univerſelle ,
depuis la création du Monde juſqu'à J. C. &
depuis J. C. juſqu'à nos jours , par M. François
Magnier Prêtre & Curé au Diocèſe de Bauvais.
2 vol. in 12. *Bauvais* , 1780.

Abrégé portatif de l'Hiſtoire univerſelle facrée &
prophane pour l'inſtruction de la jeuneſſe , par
l'Abbé Permin de Chavanette. 3 vol. in 12.
Paris , 1778.

Abrégé de l'Hiſtoire Grecque & Romaine, traduit du
Latin de Velleius Paterculus. in 12. *Avignon*, 1770.

Abrégé de l'Hiſtoire ancienne de Rollin , par
l'Abbé Tailhié Prêtre. 5 vol. in 12. *Neuchatel* , 1776.

Abrégé Chronologique de l'Hiſtoire des Empereurs.
2 vol. in 8. *Paris* , 1767.

Abrégé Chronologique de l'Hiſtoire & du droit publié d'Allemagne , par M. Pfeffel. 2 vol. in 4.
Paris , 1777.

A 2

——— Le même. 2 vol. in 8. *Paris*, 1777.

Abrégé de l'Histoire de la Hollande & de Provinces-Unies , depuis les temps les plus anciens jufqu'à nos jours, par **M. L. G. F. Kerroux**. 4 vol. in 8. *Leide*, 1778.

Abrégé Chronologique de l'Histoire de France, contenant fes événémens depuis Clovis jufqu'à Louis XIV, les guerres, batailles, fiéges &c. loix, mœurs & ufages, par le Préfident Hainaut. 3 vol. in 8. *Paris*, 1775.

——— Le même. 2 vol. in 8. *Paris*, 1768.

Abrégé de l'Histoire de France à l'ufage des Eléves de l'Ecole Royale Militaire. 2 vol. in 12. *Paris*, 1777.

——— Ancienne à l'ufage des mêmes. in 12. *Paris*, 1777.

——— Romaine à l'ufage des mêmes. *Paris*, 1777.

——— Poefies de Virgile à l'ufage des mêmes. 3 vol. *Paris*, 1778.

Abrégé Chronologique de l'Histoire de Lorraine , contenant les principaux événéments depuis Clovis jufqu'à Gerard d'Alface premier Duc Héréditaire, & depuis ce Prince jufqu'à François III, avec les guerres, les batailles, & les fiéges, les traités de paix &c. les loix, les mœurs, & les ufages, &c. 2 vol. in 8. *Paris*, 1775.

Abrégé Chronologique de l'Histoire d'Angleterre , par M. du Port du Tertre. 3 vol. in 12. *Paris*, 1752.

Abrégé Chronologique de l'Histoire du Nord , ou des Etats de Dannemarck, de Ruffie, de Suéde, de Pologne, de Pruffe, de Courtande &c. par Lacombe Avocat. 2 vol. in 12. *Paris*, 1762.

Abrégé des Vies des anciens Philofophes, avec un receuil de leurs plus belles Maximes, par M. D. F. in 12. *Paris*, 1771.

Académie univerfelle de jeux, traduit de l'Anglois, par M. Edmond Hoïle. in 12. *Amft.* 1777.

Additions & corrections au traité de la juftice Criminelle. in 4.

Adelaïde de Wilsbury , ou la pieufe Penfionnaire

avec fa retraite Spirituelle de huit jours, par le R. P. Michel Ange Marin Réligieux Minime. in 12. *Avignon*, 1752.

—— Retraite Spirituelle. &c. in-12.

Adelaïde ou l'Amour & le repentir, Anecdote volée, par M. D. M. *Paris*, 1770.

Adéle & Théodore, ou lettre fur l'Education, contenant tous les principes rélatifs aux trois différens plans d'Education des Princes, des jeunes perfonnes, & des hommes, par Md. la Comteffe de Jeanliffe. 3 vol. in 8. *Paris*, 1782.

Adieux (les derniers) d'un Docteur & Cenfeur Royal en Théologie à un jeune Docteur & Cenfeur de fes amis. *Brux.*

Actes de Notorieté donnés, par MM. les Avocats & Procureurs généraux au Parlement de Provence, nouv. édition. in 8. *Avignon*, 1772.

Affaires politiques & économiques du Royaume de Suéde jufqu'à la fin de l'an 1775. 2 vol. in 8. avec fig. *Londres*, 1776.

Agriculture complette ou l'Art d'améliorer les terres. in 12. *Londres*, 1772.

Agriculture (l') réduite a fes vrais principes, par M. Jean Goltfchalk Wallerius, traduite en François de la Verfion Latine, auquel on a ajouté un grand nombre des notes tirées de la Verfion Allemande. in 12. *Paris*, 1774.

Agriculture (l') Poëme, par M. Roffet. 2e. édition, 1774.

Albert moderne, ou nouveaux Secrets éprouvés & licite receuillis d'après les découvertes les plus recentes. in 12. *Neuchatel*, 1776.

Alcoran de Mahomet, traduit de l'Arabe, par André du Ryer, nouvelle édition augmentée des obfervations hiftoriques & critiques fur le Mahometifme &c. 2 vol. in 12. *Amft.* 1770.

Amadis de Gaule, (traduction libre d') par M. le Comte de Treffan. 2 vol. in 12. *Amft.* 1779.

—— Le même. in 12. *Paris*, 1780.

Ambigu Littéraire. in 12. *Paris*, 1770.

Ame (l') Affermie dans la foi , & prémunie contre la séduction de l'erreur, ou preuves abrégées de la Réligion a portées de tous les Esprits & de tout les Etats , par l'Auteur de l'Ame Elevée à Dieu , in 12. *Lyon* , 1779.

Ame (l') Chrétienne formée sur les maximes de l'Evangile , par M. l'Abbé de St. Pard , suivi de l'Oratoire du Cœur. in 12. *Paris* , 1774.

Ame (l') contemplant les grandeurs de Dieu , par l'Auteur de l'Ame élevée a Dieu. in 12 *Lyon*, 1778.

Ame (l') eclairée par les Oracles de la sagesse dans les paraboles & les béatitudes évangéliques , par l'Auteur de l'Ame Elevée à Dieu. in 12. *Lyon*, 1776.

Ame (l') Elevée à Dieu , par les reflections & les sentimens pour chaque jour du mois. in 12. *Rouen* , 1781.

Ame (l') intérieure , ou conduite Spirituelle dans les voyes de Dieu , par l'Auteur de l'Ame Elevée à Dieu. in 12. *Lyon* , 1776.

Ame (l') Pénitente , ou suite des réflexions Chrétiennes. in 12. *Malines* , 1781.

Ame (l') sur le Calvaire , trouvant au pied de la Croix la Consolation dans ses peines. &c. par l'Auteur de l'Ame Elevée à Dieu. in 12. *Lyon* , 1776.

Ame (l') unie a Jesus-Christ dans le très S. Sacrement de l'Autel &c. Ouvrage posthume de Mme. Poncet de la Riviere Comtesse de Carcado , précédé de l'Eloge de sa Vie , par M. l'Abbé Duquesne Vicaire général a Soissons. 2 vol. in 12. *Paris* , 1781.

Ame (l') ou sisteme des Matérialistes soumis aux seules lumieres de la raison, par M. l'Abbé * * *. in 12. *Avignon*, 1759.

Ami (l') de la Concorde , ou Essai sur le motif d'éviter les procès &c. in 12. *Londres*, 1779.

Ami (l') des Arts , ou justification de plusieurs grands hommes. in 12 *Angl.* 1776.

Ami (l') des Enfans , par M. l'Abbé de ✱✱✱.
in 12. *Paris* , 1776.

Amour (de l') de notre Seigneur Jefus-Chrift. 3e.
édition. in 12. *Paris* , 1778.

Amours d'Henri IV. in 12. 2 vol. *Londres* , 1781.

Amours des Dames Illuftres de France fous le regne
de Louis XIV. 2 vol. in 12. *Cologne.*

Amours (les) paftorales de Daphnis & Chloé. avec
fig. in 12. *la Haye* , 1761.

Amours (les) d'Emire & Califto, traduit de l'Anglois
de M. Soally , par Ch. Nirel. L. M. *Londres* , 1777.

Amufemens des Dames , ou receuil d'Hiftoires Galantes tirées des meilleurs Auteurs de ce fiécle.
in 12. *la Haye* , 1763.

Amufemens Lapfodi-Poétiques, contenant les galetas ,
moufeu , les porcherons poëme en 7 chants. in 12.
à Stenay , 1773.

Amufemens d'un Philofophe Solitaire , ou choix
d'Anecdotes defdits & des faits de l'Hiftoire ancienne & moderne &c. par ordres alphabétiques. 3 vol. in 12. *Bouillon* , 1775.

Anacréon Sapho , Bion & Mofchus , traduction en
profe &c. par M. M✱✱✱. C✱✱. 2 vol. in 12.
Paris , 1775.

Analyfe & abrégé raifonné du fpectacle de la Nature de M. Pluche , par M. L. M. D. P. in 12.
à Reims , 1778.

Analyfe raifonnée de Bay , ou abrégé méthodique de fes ouvrages particulierement de fon
Dictionnaire Hiftorique & Critique &c. 8 vol.
in 12. *Londres* , 1770.

Analyfe de l'Hiftoire Philofophique & Politique. in 8,
Leyde , 1775

Andrographie (l') ou idées d'un honnête homme
fur un projet de réglement. 2 vol. in 8.

Anecdotes Dragmatiques, contenant toutes les piéces de théâtres : Tragédies, Comédies, Paftorales ,
Dragmes , Opéra, Parades Proverbes qui ont étés
joué à Paris ou en Provence fur les théâtres publics
&c. 3 vol. in 12. *Paris* , 1757.

Anecdotes des Républiques auxquelles on a joint la Savoye , la Hongrie & la Bohême , comprenant Genes & la Corse , Venise , Malthe & la Suisse. 2 vol. in 12. *Paris*, 1771.

Anecdotes Venitiennes & Turques ou nouveau Mémoire du Comte de Bonneval , par M. de Mirone. 2 vol. in 12. *Utrecht*, 1740.

Anecdotes Italiennes , depuis la destruction de l'Empire Romain en Occident jusqu'à nos jours. in 12. *Paris*, 1769.

Anecdotes Ecclésiastiques , contenant tout ce qui s'est passé de plus intéressantes dans les Eglises d'Orient & d'Occident , depuis le commencement de l'Ere Chrétienne , jusqu'à présent. 2 vol. in 12. *Amst.* 1772.

Anecdotes (Mémoires historiques , critiques &) des Reines & regentes de France. 6. vol. in 12. *Amst.* 1776.

Anecdotes ou bienfaisance Françoise , par M. d'Agues de clair Fontaine , de l'Académie des Sciences , Arts & Belles-Lettres &c. 2 vol. in 12. *Paris*, 1778.

Anecdotes du regne de Louis XVI. receuillies & publiées , par M. Nongaret. 2 vol. in 12. *Paris*, 1778.

Anecdotes Espagnoles & Portugaises, depuis l'origine de la nation jusqu'à nos jours. 2 vol. in-12. *Paris*, 1773.

Anecdotes du Nord, comprenant la Suéde, le Dannemarck, la Pologne & la Russie , depuis l'origine de ces Monarchies , jusqu'à présent. in-12. *Paris*, 1770.

Anecdotes Amériquaines , ou Histoire abrégée des principaux événemens arrivée dans le nouveau monde , depuis sa découverte. in 12. *Paris*, 1776.

Anecdotes Affriquaines, depuis l'origine de la découverte des différentes Royaumes qui composent l'Affrique jusqu'à nos jours. in-12. *Paris*, 1775.

Anecdotes Arabes , & Musulmanes, depuis l'an de J. C. 614, époque de l'établissement du Mahometifine en Arabie , par le faux Prophéte Mahomet , jufqu'à l'extinction totale de Califal. in 12. *Paris* , 1772.

Anecdotes Chinoifes , Japonoifes , Siamoifes , Tonquinoifes &c. dans lefquels ou s'attache principalement aux mœurs , ufages , coutumes & réligions de ce différens peuples. in 12. *Paris* , 1774.

Anecdotes Orientales , contenant les anciens Roys de Perfe , & les différentes Dinafties , Perfes Turcs & Mogoles qui fe font élévées fuccéffivements en Afie jufqu'aux Califes & aux Sophies exclufivement. 2 vol. in 12. *Paris* , 1773.

Ange (l') Conducteur dans la dévotion Chétienne. in 12. *Liege*.

Angola hiftoire Indienne. 2 vol. in 12. *Agra* , 1770.

Annales de la vertu , ou cours d'Hiftoire à l'ufage des jeunes perfonnes , par l'Auteur du Théâtre d'Education. 3 vol. in 12. *Paris* , 1781.

Annales Romaines depuis la fondation de Rome , jufqu'aux Empereurs. in 12. *Paris* , 1774.

Année (l') affective , ou fentiment de l'Amour de Dieu , tirés des cantiques pour chaque jours de l'année , par le R. P. Avrillon religieux Minime. in-12. *Paris* , 1771.

Année (l') du Chrétien , contenant les inftructions fur les Myftéres & les Fêtes , l'explications des Epîtres & des Evangiles. &c. 18. vol. in 12. *Paris* , 1747.

Annales de l'Empire , depuis Charlemagne , par l'Auteur du fiecle de Louis XIV. 2 vol. in 12. *la Haye* , 1754.

Annales de Regne de Marie - Thérèfe Impératrice Douairiere , Reine de Hongrie , &c. continuées jufqu'à fa mort , par M. Fromageot Prieur. in 8. avec fig. *Paris* , 1781.

Annales du Regne de Marie - Thérèfe &c. par M. Fromageot Prieure Commandatoire. in 12. *Brux.* 1781.

An (l') deux mille quatre cent quarante. in 12. *Londres* , 1775.

Anti bon-sens (l'), ou l'Auteur de l'ouvrage intitulé le bons-sens convaincu d'outrager le bon-sens & la saine raison à tous les pages. in 12. *Liege*, 1779.

Anti-Lucrece (l') Poëme sur la réligion Naturelle, composé par M. le Cardinal de Polignac, traduit par de Bougainville. in 12. *Brux.* 1772.

Anti-Rousseau, par le Poëte sans fard. in 12. *Roterd.* 1712.

Antiquité Géographique de l'Inde, & de plusieurs autres contrées de la haute Asie, par M. d'Anville. in 4. avec fig. *Paris*, 1775.

Apologie de la réligion chrétienne, par M. Bergier Docteur en Théologie. 4 vol. in 12. *Paris*, 1771.

Apologie de l'Etat réligieux. in-12.

Apologétique (l') & les prescriptions de Tertullien. nouv. édition, par M. l'Abbé de Gourey. in-12. *Paris*, 1780.

Apparat Royal, ou nouveau Dictionnaire François Latin, enrichi des façons de parler les plus élégantes, ou l'une & l'autre Langue corrigé très-exactement sur tout pour l'Ortographe François. in 12. *Lyon*, 1764.

—— Le même. in 8. *Lyon*, 1774.

Appel aux Savans, & aux gens de lettres. in 8. 1763.

Appel à la Postérité, ou recueil des Mémoires & Plaidoyers de M. Linguet, pour lui-même, contre la communauté des Avocats du Parlement de Paris. in-8. 1779.

Architecture Hydraulique, où l'Art de conduire, d'élever & de menager les eaux pour les différens besoins de la vie, par M. Belidor. 4 vol. in 4. avec fig. *Paris*, 1737.

Arithmétique (l') en sa perfection, mises en pratique selon l'usage de Financiers, gens de pratique, Banquiers & Marchands &c. par F. le Gendre Arithméticin. in 12. *Rouen*, 1779.

Arithmétique politique adreffée aux Sociétés Œco-
nomiques établies en Europe , par M. Young.
trad. de l'Anglois , par M. Freville. 2 vol. in 8.
la Haye , 1775.

Arrêts du Grands Confeil de S. M. I. & Catholique réfidant en la ville de Malines receuillis
par Mrs. de Humayn du Fief Cuvelier & de
Grifpere. 2 vol. in 4. *Lille* , 1774.

Arrêts du Grand Confeil de S. M. I. & R. féant
en la Ville de Malines recueillis, par feu Meffire
Jean-Alphonfe Comte de Coloma auxquels font
ajoutées les Arrêts recueillis, par Jean-Baptifte
Houy. 2 vol. in 8. *Malines* , 1781.

Arrêts (Recueil d') du Parlement de Flandres ,
par M. du Bois d'Hermaville Préfident , & plufieurs autres Auteurs. 2 vol. in 4. *Lille* , 1773.

Art (l') d'inftruire & détoucher les Ames dans le
Tribunal de la Pénitence , ouvrage utile aux
Prêtres &c. 2 vol. *Paris* , 1772.

Art (l') des Expériences, ou avis aux Amateurs
de la Phyfique, fur le choix, la conftruction de
l'ufage de leur inftrumens , par M. l'Abbé Nollet.
3 vol. in-12. *Paris* , 1770.

Art (l') de conferver la Santé , par l'École de
Salerne , traduction en vers François , par M.
B. L. M. in 12. *Paris* , 1760.

Art (l') des jardins , par C. C. L. Hirfchfeld , trad.
de l'Allemand. 3 vol. in 4. avec fig. *Leipfig* , 1779.

Art (l') du Peintre , Doreur , Verniffeur , par le
Sr. Watin , Peintre , &c. nouv. édition. in 8.
Liege , 1778.

(a) Art (l') des Lettres de Change , par Dupuy.
in 12. *Brux.*

Art (l') de la Teinture de Laines & des Etoffes
de Laine , par M. Hellot. in 12. *Paris* , 1772.

Art (l') de ne fe point s'ennuyer , par M. Deflandes.
in-12. *Liege* , 1771.

Art (l') de Péter. in-12. *Wefphalie* , 1775.

Art (l') de bien tenir les Livres de comptes en

paries doubles à l'Italienne , par Samuel Richard.
in folio. *Amst.* 1709.

Art (l') d'Aimer & Poésie diverses de M. Bernard.
in 12. 1775.

Art (l') de rendre les Femmes Fidelles. 2 vol.
in 12. *Geneve* , 1779.

Art (l') de sopiler la Rate , sive de modo C...
prudenter , & prenanr chaque Feuillet , pour se
T.... le D.... entremélés de quelques bonnes
choses , revue & augmentée , par J. M. F. A.
L. D. C. 2 vol. in 12. *Venise* , 178875.

Art (l') de Vérifier les Dates , des faits historiques ,
de chartes , des chroniques , & autres anciens
monumens, depuis la naissance de notre Seigneur ,
par le moyen d'une table chronologique. nouv.
édition augmentée. in folio. *Paris* , 1770.

Artillerie (l') raisonnée , contenant la description
& l'usage de différentes bouches à feu , avec le
détail des principaux moyens employés ou pro-
posés pour les perfectionner , par M. le Blond ,
Mtre. de Mathématique des Enfans de France.
Nouv. édition. in 8. fig. *Paris* , 1776.

Associations aux Saints Anges. in-12. *Paris* , 1780.

Atlas (nouvel) des Enfans , ou principes clairs pour
apprendre facilement & en fort peu de temps la
Géographie , suivi du traité méthodique de la
Sphere &c. enrichi de 24 Cartes enluminées. in 12.
Amst. 1779.

Atlas (nouvel) portatif , destiné principalement
pour l'instruction de la jeunesse , d'après la Géographie moderne de feu l'Abbé de la Croix , par
le S. Robert de Vaugondy. in 4. *Paris* , 1778.

Avantures de Télémaque. in 12.
------ Le même. 2 vol. in 12. *Paris.*
------ Le même. 3 vol. in 12. *Londres.*
------ Le même en Anglois. in 12. *Rouen.*

Avantures (l'indiscret ou les) Parisiennes. in 12.
Londres , 1779.

Avantures de trois Coquettes , ou les proménades

(13)

des Thuilleries, par l'auteur de la nouvelles Marianne. in 12. *Paris*, 1779.

Aveugle (l') par Amour, par Mme. la Comtesse
de Beauharnais Auteur de Stéphalie & de l'Abailard supposé. in 12. *Paris*, 1782.

Avis au peuple de la Campagne, touchant l'éducation de la jeunesse, rélativement à l'Agriculture,
traduit de l'Allemand. in 12. *Paris*, 1781.

Avis à une Personne engagée dans le monde. in 12.
Paris, 1759.

Autorité (l') des Livres du Nouveau Testament
contre les incrédules, par M. l'Abbé du Voisin
Docteur, Professeur de Sorbonne & Censeur Royal.
in 12. *Paris*, 1775.

Autorité (l') du Clergé & du pouvoir du Magis-
trat politique sur l'exercice des fonctions du Ministere Ecclésiastique. 2 vol. in 12. *Amst.*

Autorité (de l') des deux Puissances. 3 vol. in 8.
Strasbourg, 1780.

Autorité (de l') des Parens sur le Mariage des
Enfans de famille, par M. V. I. R. A. E. P.
in 8. 1773.

Azor & Zimeo conte moral, suivi de Thiamis
conte indien, par M. Mitcent. in 12. *Paris*, 1776.

Antoine (Paul. Gabr.) theologia moralis universa
ad usum Parochorum & Confessariorum. 4 vol.
in 12. *Lovanii*, 1781.

B

Bachelier (le) de Salamanque, ou Mémoires &
Avantures de Dom Cherubin de la Ronda, par
Alain René le Sage. 3 vol. in 12. 1777.

Bail des Fermes générales des Domaines, Gabel-
les & Tabac de Lorraine & Barrois. in 12. *Nancy*, 1738.

Baisers (les) procédés du mois de Mai. *la Haye*, 1780.

Banquier (le) & Négociant universel, ou traité
général des changes étrangeres & des arbitrages,

ou viremens de place en place , par M. Thomas de Bréville. nouv. édition. 2 vol. in 4. *Paris*, 1767.

Beauté de la nature, ou Fleurimanie raisonnée , par le sieur Robert-Xavier Mallet. in 12. *Paris*, 1775.

Bélisaire , par M. Marmontel de l'Académie Françoise. in 12. *Paris*, 1767.

Berluc. (la) *Londres*.

Bêtes (les) mieux connues, par M. l'Abbé Joannet. 2 vol. in 12. *Paris*, 1770.

Bible (la Sainte) contenant l'Ancien & le Nouveau Testament. 8 vol. in 8. *Mons*, 1703.

Bible (Sainte) en Latin & en François avec des notes littérales , critiques & historiques, des préfaces & des dissertations tirées du Commentaire de Dom Augustin Calmet, Abbé de Senones, de M. l'Abbé de Vence & des Auteurs les plus célébres ; pour faciliter l'intelligence de l'Ecriture-Sainte , ouvrage enrichi des cartes Géographiques & des fig. 2e. édition. 17 vol. in 4. *Avignon*, 1772.

Bible (la Sainte) traduite sur les Textes originaux, avec les différences de la vulgate. 6 vol. in 12. *Paris*, 1777.

Bibliographie instructive, ou traité de la connoissance des livres rares & singuliers , par Guillaume François de Bure le jeune Libraire à Paris contenant la Théologie , Jurisprudence Belles-Lettres , & l'Histoire. 7 vol. in 8. *Paris*, 1768.

------ Supplément à la Bibliographie instructive ou Catalogue du Cabinet de feu M. Gaignat. 2 vol. in 8. *Paris*, 1769.

Bibliothéque des jeunes Négocians ou l'Arithmétique à leur usage. in 4. *Lyon*, 1766.

Bibliothéque générale des écrivains de l'ordre de Saint Bénoit, par un Réligieux Bénédictin. 4 vol. in 4. *Bouilion*, 1777.

Bibliothéque Ecclésiastique, par forme d'instruction , dogmatique & morale sur toute la Réligion , par l'Abbé Guyon. 8 vol. in 12. *Paris*, 1771.

Bibliothéque des anciens Philosophes contenant la

Vie de Pythagore, ſes Simboles, la Vie d'Hie-
roclés & ſes vers dorés, par M. Dacier. 9 vol.
in 12. *Paris*, 1771.

Bibliothéque (nouvelle) de Campagne, ou choix
d'Epiſodes intéreſſantes & curieuſes tirés des
meilleurs Romans tant anciens que nouveaux.
10 vol. in 12. *Amſt.* 1769.

Bibliothéque Orientale, ou Dictionnaire univerſel
contenant tout ce qui fait connoitre les peuples
d'Orient, leurs Hiſtoires & traditions tant fabu-
leuſes que véritables, par Mrs. C. Viſdelou &
a Galaud pour ſervir de Supplément à celle de
M. d'Herbelot. in folio 1780.

Bigarures (les) d'un citoyen de Genève & ſes Con-
ſeils Républiquains dediés aux Américains. in 12.
Philadelphie, 1776.

Bonheur (le) poëme en ſix chants, ouvrages
Poſthumes, de M. Helvetius. in 8. *Londres*, 1773.

Bouvier, (le parfait) ou inſtruction concernant les
bœufs & les vaches leurs ages maladies ſimpto-
mes, avec les remedes les plus expérimentés propres a les guérir, par M. J. G. Bontrolle, in 12.
Rouen, 1766.

Brigandage (le) de la Muſique Italienne in 8. 1777.

Barclaii ſatyricon nunc primum in ſex partes diſper-
titum & notis illuſtratum cum Clave. in 8. *Lugd.
Batavorum*, 1774.

Benedicti XIV. Pont. Max. de Synodo Diœceſana
Libri tredecim. 4 vol. in 12. *Lovanii*, 1739.

———— Commentarius de D. N. Jeſu-Chriſti matriſ-
que ejus feſtis. 2 vol. in 12. *Lovanii*, 1761.

———— Inſtitutiones Eccleſiaſticæ. 3 vol. in 12. *Lovanii*, 1762.

———— De Sacro Sancto Miſſæ Sacrificio. 2 vol.
in 12. *Lovanii.* 1762. En tout 11 volumes.

Biblia Sacra Vulgatæ éditionis Sixti V. Pontificis Max.
Juſſu recognitum in 8. *Coloniæ.*

(a) Biblia Sacra cum Notis J. B. du Hamel. 2 vol.
in fol. *Lovan.* 1740.

Bibliotheca Belgica, five Virorum in Belgio vita,
  fcriptifque Illuftrium catalogus Librorumque no-
  menclatura, 2 vol. in 4. *Brux.* 1739.

Bibliotheca ex omni facultate Librorum quos re-
  liquit Carolus Major. 2 vol: in 8.

Bibliotheca Rhetorum P. Gab. franc. le jay e Societate Jefu. in 12. *Brux.* 1773.

Blancardi (Steph.) Lexicon Medicum renovatum, in
  quo totius Artis Medicæ termini. &c. in 8.
  Lugd. Bat. 1756.

Bockhn jus Canonicum. 3 vol. in fol. *Paris.* 1776.

Bona praxis Confeffariorum five methodus bene
  adminiftrandi Poenitentiæ Sacramentum. in 12.
  Antverpiæ, 1703.

Briffonius (Barnab.) de formulis & Solemnibus po-
  puli Romani. in fol. *Lipfiæ,* 1754.

(*a*) *Belgifche Hiftorie (Inleyding tot de Al-oude en Mid-
  dentydfche) opgedraegen aen de doorluchtige broeders
  Jos. de Crumpipen Cancelier van Brabant &c. &c.
  en Henric. de Crumpipen Raeds-Heer en Secretaris van
  Staet, &c. door Verhoeven.* in 4. Brux. 1781.

C

Caffé (le) Politique d'Amfterdam, ou Entretiens familiers d'un François, d'un Anglois, d'un Hollandois & d'un Cofmopolite, par Charles-Elie-
  Denis Roouptfy Mtre. du Caffé. nouv. édition.
  2 vol. in 8. *Amft.* 1778.

Caffé (le) Politique de Londre. in 12. 1781.

Campagne du Maréchal de Villars en Allemagne,
  l'an 1703. 2 vol. in 12. *Amft.* 1762.

Caractères (les) de l'Amitié, par le Marquis de
  Caraccioli. in 12. *Francfort,* 1761.

Caractères (les) de Théophrafte & de la Bruyere
  avec des Notes, par M. Cofte. nouvelle édition
  in 4. *Paris,* 1765.

— — Les mêmes. 2 vol. in 12. *Paris,* 1769.

Catechifme (le) du Concile de Trente. 2 vol.
  Liège, 1778.

Catechifme

Catéchifme Hiftorique, par M. de Fleury précep-
teur du Duc de Bourgogne. in 12. *Paris*, 1690.
——— Le même, nouv. édition. in 12. *Brux.* 1778.
Catéchifme du Diocèfe de Montpelier. *Brux.* 1722.
Catéchifmes fur les fondemens de la Foi, par Aymé.
in 12. *Paris*, 1776.
Catéchifme de l'âge mûr, ou les principes fondamentaux de la Réligion, parM.Alletz. in 12.*Liege*,1767.
Catéchifme du Diocèfe de Meaux. in 12.*Paris*, 1764.
Catéchifme Philofophique, ou recueil d'obfervations
propre à défendre la Réligion Chrétienne contre
fes ennemis, par M. Flexier de Reval. in-8.
Paris, 1777.
Caufes célébres & intéreffantes, avec les jugemens
qui les ont décidées, rédigées par M. Richer.
18 vol. *Amft.* 1772.
Caufes célébres, (Supplément aux) où recueil
intéreffant fur l'affaire de la Mutilation du Cru-
cifix d'Abbéville. in 12. *Londres*, 1776.
Caufes (les) du bonheur public dedié à Mgr. le
le Dauphin, par M. l'Abbé Gros de Befplas.
in 12. *Paris*, 1774.
Caton, ou Entretien fur la Liberté & les vertus politiques. in 12. *Utrecht*, 1781.
Cenfure de la faculté de théologie de Paris, contre
un livre qui à pour titre Hiftoire Philofophique
& Politique, par M. l'Abbé Raynal in 8. *Paris*, 1781.
Certitude (la) des preuves du Chriftianifme, par
M. Bergier. 2 vol. in 12. *Paris*, 1771.
Changes Eftrangers de tous les pays de l'Europe
du S. Barrême, foit pour apprendre à les faire
par régles, où pour les trouver tous faits par
tarifs. 2 vol. in 8. *Paris*, 1709.
Chanfonnier (le petit) François, où choix des
meilleures Chanfons. 2e. édition. 2 vol. in 12.
Geneve, 1780.
Chanfons (choix des) *Mons*, 1780.
Chartes, Loix & Coutumes du pays & Comté de
Hainaut de l'an 1410. in 8. *Mons*, 1776.

Charte du 8 Avril 1483. in 8. *Mons*, 1778.

Chartes (les) & Coutumes du pays & Comté de Hainaut de l'an 1534. in 12. *Mons*, 1775.

Chef (le) d'Œuvres Dragmatiques de M. de Voltaire, contenant Mérope, le Fanatisme, Semiramis & l'Orphelin de la Chine. 3 vol. in 12. *Paris*, 1779.

Chef d'Œuvres d'éloquence poëtique, à l'usage des jeunes Orateurs, ou discours François, tiré des Auteurs tragiques les plus célébres. in 12. *Paris*, 1780.

Chemin (le) du Ciel & le Testament, où préparation à la mort de feu M. le Cardinal Bona. in 12. *Avignon*, 1771.

Chemin (le) du Ciel, heures nouvelles & prieres. in 12. *Brux.* 1750.

Chemin (le) du Ciel, où la vie du Chrétien sanctifiée par la Priere, par l'Abbé Hespelle. in 12. *Paris*, 1782.

Choix de Philosophie morale propre à former l'esprit & les Mœurs, par l'Auteur du choix varié des Poésies. 2 vol. in 12. *Avignon*, 1771.

Choix d'histoires intéressantes. in 12. *Paris*, 1781.

Choix (nouveau) des Fables d'Esope avec la version Latine, & l'explication des mots en François. 3e. édition. in 12. *Paris*, 1778.

Choix des plus Belles - Fables, qui ont paru en Allemagne, par M. Binninger. in 8. *Kehl*, 1782.

Chrétien (le) du temps confondu, par les premiers Chrétiens. in 12. *Paris*, 1767.

Chronologie de l'Histoire Sainte & des Histoires etrangeres, qui la concernent, depuis la sortie d'Egypte jusqu'a la captivité de Babilone, par Alphonse des Vignoles. 2 vol. in 4. *Berlin*, 1738.

Civilité (la) Françoise pour l'instruction de la jeunesse. in 12. *Mons*.

Clarice (la nouvelle) histoire véritable, par Mdme. le Prince de Beaumont. 2 vol. in 12. *Paris*, 1776.

------ Le même. 2 vol. in-12. *Liege*, 1776.

Clef du grand Œuvre , où lettres du Sancelrien Tou-
raugean à Mdme. L. D. L. B***. in 8. *Paris* , 1777.

Cocher, (le parfait) où l'art d'entretenir & conduire un Equipage en Ville , & en Campagne.
nouv. édition. in 12. *Liege* , 1777.

Code Criminel de l'Empereur Charles V. vulgairement appellé la Caroline. in 4. *Maeſtricht* , 1779.

Code penal , ou recueil des principales Ordonnances,
Edits & Déclarations fur les Crimes & délits ,
avec un effaie fur l'efprit & les motifs de la procédure Criminelle , augmenté par **M. D***.** Avocat. in 12. *Paris* , 1777.

Code (le) des François , ou recueil de toutes les
piéces intéreffantes publiées en France rélativement aux troubles du Parlement. 2 vol. in 12.
Brux. 1771.

Code , ou nouveau Réglement fur les lieux des
proſtitutions dans la ville de Paris. in 12. *Londres* , 1775.

Colette, où la vertu couronnée , conte morale ,
par **M. Compan.** 2 vol. in 12. *Amſt.* 1775.

Colomb dans les Fers , à Ferdinand & Ifabelle après
la découverte de l'Amérique , par **M.** le Chevalier de Langeac. in 8. *Paris* , 1782.

Combat (le) Spitituel. in 12. *Paris* , 1761.

Comédies (les) de Terence avec la traduction &
les remarques de Md. Dacier , nouv. édition
corrigée & enrichie de fig. 3 vol. in 12. *Paris* , 1768.

Commentaires (les) de Céfar , nouv. édition revue
par **M. de Wailly.** 2 vol. in 12. *Paris* , 1775.

Commentaires (les) de **M.** le Comte Turpin
de Criffé Maréchal des Camps & Armées du Roi.
&c. contenant les Mémoires de Montecuculi ,
généraliffime des Armées , & grand - Maitre de
l'Artillerie de l'Empereur. 3 vol. in 8. avec fig.
Amſt. 1770.

Commentaire fur l'édit perpétuel. in 12. 1782.

Commentaire (nouveau) fur les Ordonnances du
mois d'Août 1669 & Mars 1673 , enfemble fur

l'édit du mois de Mars 1573. in 12. *Paris*, *1761.*
------- Le même. in 12. *Paris*, 1775.
Commentaire (nouveau) fur l'Ordonnance Civile du mois d'Avril 1667, par M. Jouffe, Confeiller au Préfidial d'Orleans. 2 vol. in 12. *Paris*, 1762.
------- Le même. 2 vol. in 12. *Paris*, 1772.
Commentaire fur les loix Angloifes de M. Blanck-tone, trad. de l'Anglois, par M. G. ***. 6 vol. in 8. *Brux.* 1774.
Commentaire fur le code criminel d'Angleterre, trad. de l'Anglois de Guillaume Blancktone, par l'Abbé Coyer. 2 vol. in 8. *Paris*, 1776.
Commentaire fur le Livre des Délits & des Peines par un Avocat de Province. in 8. 1766.
Commerce (le) & le Gouvernement confidérés rélativement l'un a l'autre, ouvrage élémentaire, par M. l'Abbé des Condillac. 2 vol. in 12. *Amft.* 1776.
Comte (le) de Valmont, où les Agaremens de la raifon. 5 vol. in 12. *Paris*, 1779.
Comptes faits , (livres des) par Barême. *Paris*, 1774.
------- Le même. in 12. *Rouen*, 1779.
Compte rendu au Roi, par M. Necker Directeur Général des Finances au mois de Janv. 1781. in 8. *Paris*, 1781.
------- Le même. in 4. *Paris*, 1781.
Compte rendu des Conftitutions des Jéfuites, par M. Louis - Réne de Caradeuc de la Chatelais. in 12. 1762.
Conchyliologie , ou l'Hiftoire Naturelle des Coquilles de Mer, d'Eau douce , Terreftres & Foffiles, avec un traité de Zoomorphofe, où répréfentation des Animaux qui les habitent, par M. Defaller d'Argenville, troifieme édition. 4 vol. in 4. *Paris*, 1780.
Concorde de la Géographie des différens âges, par M. Pluche. in 12. *Paris*, 1772.
Conduite des Ames dans la voie du Salut, par M. Daon Prêtre. in 12 *Paris*, 1769.
Conduite Chrétienne contenant des Prieres & des

Inſtructions pour vivre Saintement. in 12. *Mons*.

Conduite des Confeſſeurs dans le tribunal de la Pénitence ſelon les inſtructions de St. Charles Boromée & la Doctrine de St. François de Sales, par M. Daon Prêtre. in 12. *Paris*, 1778.

Conduite Spirituelle pour les Novices, par le R. P. Charles Faure Abbé de Ste. Geneviève. in 12. *Maeſtricht*, 1775.

Conduite pour paſſer Saintement le Carême, par le R. P. Avrillon Réligieux Minime. in 12. *Paris*, 1763.

Conduite pour paſſer Saintement le tems de la Pentecôte, par le même. in 12. *Paris*, 1723.

Conférences, où Diſcours contre les ennemis de notre Ste. Réligion, par M. Beurier Prêtre Eudiſte. in 8. *Paris*, 1779.

Conférences & Diſcours Synodaux ſur les principaux devoirs des Eccléſiaſtiques, avec un receuil des mandemens, par feu M. Maſſillon Evêque de Clermont. 2 vol. in 12. *Paris*, 1770.

Conférences Monaſtiques pour les Dimanches de l'Avent & le Carême, par D. Bénoît Vincent Bénédictin de la Congrégation de St. Maur. 5 vol. in 12. *Rouen*, 1773.

Conférences où Exortations ſur les devoirs des Eccléſiaſtiques, par le Pere de Tracy Théatrin. in 12 *Paris*, 1768.

Confeſſions de St. Auguſtin, traduite en François, par M. Arnauld d'Andilly avec le traité de la Vie heureuſe du même Saint. in 12. *Brux.* 1771.

Connoiſſance (de la) de l'homme dans ſon être & dans ſes rapports, par M. l'Abbé Joannet. 2 vol. in 8. *Paris*, 1775.

Connoiſſance des temps pour l'année commune 1783 publiée par l'ordre de l'Académie Royale des Sciences & calculée, par M. Jeaurat, de la même Académie. in 8. *Paris*, 1780.

Connoiſſance (Introduction à la) de l'eſprit humain, ſuivie des réfléctions & de maximes. in 12. *Paris*, 1781.

Confidérations & Elévations affectives envers notre
Seigneur J. C. in 12. *Brux.* 1779.

Confidérations fur l'affaire du Seigneur Duc Louis
de Bruntwick. in 8. 1781.

Confidération fur l'origine & les révolutions du Gouvernement des Romains. 2 vol. in 12. *Paris*, 1778.

Confidérations Philofophiques fur l'action de l'O-
rateur. in 12 *Paris*, 1775.

Confidérations fur les corps organifés, où l'on traite
de leur origine, de leur développement, de leur
production &c. par C. Bonnet. 2e. édition. 2
vol. in 8. *Amft.* 1768.

Confolation (la) d'un Chrétien, où motifs de confiance
en Dieu dans les diverfes circonftances de la Vie,
par M. l'Abbé Roiffard. 2 vol. in 12. *Liége*, 1778.

Conftruction (nouvelle) de chéminées, qui garantit
du feu & de la fumée à l'épreuve des vents, par
M. Gennété Phyficien &c. in 12. *Liége*, 1760.

Contemporaines, (les) ou aventures des jolies femmes de l'âge préfent. 18 vol. in 12. *Leypfick*, 1781.

Contes à rire, où recréations Françoifes. 3 vol.
in 12. *Lille*, 1781.

Contes Amufans (nouveau receuil des) 2 vol.
in-12. *Londres*, 1781.

Contes de Guillaume Vadé. in 8. *Geneve*, 1772.

Contes (les) des Fées, par M. Perault. *Rouen*, 1767.

Contes (les nouveaux) des Fées, par Madame de
M**. in 12. *Paris*, 1724.

Contes moraux, par Mde. le Prince de Beaumont,
fuivant la copie de Lyon. 2 vol. in 12. *Maeft.* 1774.

Contes moraux, par M. Marmontel, nouvelle édition enrichies des figures en taille-douce. 3 vol.
in 12. *La Haye*, 1775.
———— Le même. 4 vol. avec le Bélifaire.

Contes & Poëfies diverfes, de M. de V***. *Londres*, 1780.

Contes (nouveaux) Turcs & Arabes, précédé d'un
abrege chronologique de l'Hiftoire de la maifon
Ottomane & du Gouvernement de l'Egypte, par
M. Digeon. 2 vol. in 12. *Paris*, 1781.

(23)

Controverſe ſur la liberté de l'Eſcaut & les effets qui en réſulteroient, entre M. R** & M. De** in 12. *Londres*, 1781.

Corps d'Extraits de Romans de Chevalerie, par M. le Comte de Treſſan. 4 vol. in 12. *Paris*, 1782.

Correction intéreſſantes utiles & néceſſaires au Nobiliaire de Pays-Bas & du Comté de Bourgogne. in 12. *Liége*, 1780.

Correſpondance d'un jeune Militaire, ou Mémoires du Marquis de Luzigni, & d'Horteuſe de Saint-juſte. 2 vol. in 12. *Paris*, 1779.

Correſpondance familiére & politique entre Milord R***. & le Général C***, ſur la ſituation préſente de l'Angleterre. in 12. *Amſt.* 1769.

Correſpondance Littéraire, où lettres critiques & impartiales ſur la Littérature Françoiſe du 18e. ſiécle & ſur les 3. de M. l'Abbé Sabatier. in 12. *Londres*, 1780.

Correſpondance politique de l'Europe, ouvrage Périodique, par une ſociété de Gens de Lettres. in 8. 1780.

Coſmographie élémentaire diviſée en parties Aſtronomique & Géographique, par M. Moutelle Hiſtoriographe. avec fig. in 8. *Paris*, 1781.

Coup d'Œil ſur Belœil. in 8. *Belœil*, 1781.

Cours d'Architecture qui comprend les ordres de Vignole, avec des commentaires, les figures & les déſcriptions de ſes plus beaux bâtimens & de ceux de Michel Ange avec tout ce qui régarde l'Art de bâtir, par le ſieur C. A. d'Aviler, nouv. édition. in 4. *Paris*, 1760.

Cours d'Architecture, où traité de la décoration, diſtribution, & conſtruction des bâtimens, contenant les leçons données en 1750 & les années ſuivantes, par J. F. Blondel Architecte, dans ſon Ecole des Arts. 6 vol. in 8. de diſcours, & 3 vol. de planches. *Paris*, 1771.

Cours d'Hiſtoire univerſelle, petits Elémens. 2 vol. in 8. *Paris*, 1765.

Cours de Lectures, ſur les queſtions les plus im-

portantes de la métaphysique , de la morale &
de la théologie, ouvrage posthume du Dr. Dod-
drige, traduit de l'Anglois. 4 vol. in 12. *Liége*, 1768.
Cours complet de Philosophie , où Elémens de Philo-
sophie, par M. l'Abbé Sauri. 5 vol. in 12. *Paris*, 1773.
Cours complet de Mathématiques , par M. l'Abbé
Sauri. 5 vol. in 8. *Paris*, 1774.
Cours complet d'Optique , traduit de l'Anglois de
Robert Smith, contenant la théorie, la pratique
& les usages de cette Science , par **L. PP.** 2
vol. in 4. *Paris*, 1767.
Cours de Physique expérimentale & théorique, par
M. l'Abbé Sauri. 4 vol. in 12. *Paris*, 1777.
Cours complet de Physique , speculative, expérimen-
tale & Géométrique , où théorie des Etres sensi-
bles, par M. l'Abbé Para du Phanjas. 4 vol. in 8.
Paris, 1772.
(a) Coutume de Bruxelles , du Chef Banc à Uccle ,
de la Souveraine Cour Féodal de Brabant & de celle
de Lothier &c. 3 vol. in **8.** *Brux.* 1762.
Coutumes des Duché, Bailliage & prévote d'Or-
léans & ressort d'iceux , par **M.** Pothier. in 4.
Paris, 1772.
———— Le même. 2 vol. in 12. *Paris*, 1776.
Coutume générale des pays & Duché de Bour-
gogne avec le Commentaire de M. Taisand. in
folio. *Dijon*, 1747.
Coutume de Normandie avec l'extrait des diffé-
rens Commentateurs, par M. Frigot. 2 vol. in 4.
Coutances, 1779.
Coutume de Normandie dans un ordre Naturel ,
par M. le Comte. in 12. *Rouen*, 1779.
Cris (les) de l'humanité contre la Question. in 12.
Londres, 1781.
Critique d'un livre contre les spectacles intitulé J.
J. Rousseau citoyen de Genéve, par A. M. d'A-
lembert. in 8. *Paris*, 1740.
Cuisiniere (la) Bourgeoise suivie de l'office à l'u-

sage de tous ceux qui se mêlent des dépenses de maisons. in 12. *Paris*, 1778.

Curce (Quinte) de la Vie d'Alexandre avec les Supplémens de Jean Freinshemius, en Latin & en François, par M. Mignot. 2 vol. in 8. *Paris*, 1781.

Cyropédie, (la) où Histoire de Cyrus, traduite du Grec de Xenophon, par M. Dacier. 2 vol. in 12. *Paris*, 1777.

Cyrus Tragédie, par M. Turpin. in 8. *Paris*, 1775.

Canones & decreta concilii Tridentini sub Paulo III, Julio III, Pio IV, Pontificibus Max. celebrati. in 4. *Antverpiæ*, 1779.

Caryophilus (Blas.) de antiquis Marmoribus. in 4. 1743.

Caryophili opusculum. in 4. 1743.

(a) Chassanæi Institutiones juris civilis. in 8. *Traj. Rhen.* 1758.

Ciceronis (M. Tullii) Opera, recensuit J. N. Lallemand. 4 vol. in 12. *Parisiis*, 1768.

Clericus Deperrucatus, sive in fictitiis clericorum comis moderni seculi ostensa & explosa vanitas cum figuris, Autore Annæo Rhisenno Vecchio Doctore Romano Catholico. in 12. *Amst.*

Collet (Petri) Theologia moralis, editio nova. 7 vol. in 12. *Lugduni*, 1768.

Compendium institutionum Theologicarum quæ anno 1780 Lugduni éditæ sunt. 2 vol. in 12. *Lugduni*, 1781.

Compendium Theologiæ universæ, quod ad usum examinandorum, collegit R. P. Thomas in provincia Lotharingiæ Capucinorum &c. *Nanceii*, 1778.

Compendiosum S. Scripturæ Dictionarium ad Scripturisticarum Historiarum notitiam, ex ipsa S. Scripturæ, Flavio Josepho, aliisque Sacris Historicis deductum & concinnatum, per R. D. J. B. Kips, *Lovanii*, 1779.

Consilia feudalia ex variorum doctorum scriptis diligentissime collecta. in folio. *Francofurti ad Mœnum*, 1773.

(a) *Chronykie van Antwerpen. in* 4. Leyden 1743.
*Coſtumen, uſancien ende ſtyl van Procederen der Stad
Vryheyd ende juridiſtie van Mechelen.* Mechelen, 1735.

D

Danger (le) des paſſions, où Anecdotes Syrien-
nes & Egyptiennes, traduction nouv., par l'Auteur de l'Ecole de l'amitie. 2 vol. in 12. 1758.
Découverte (la) Auſtrale par un homme-volant,
où la Dédale Françoiſe. 4 vol. in 12. *Leypſick.*
Découverte (la) Auſtrale par un homme-volant,
où la Dédale Françaiſe, nouvelle très Philoſophique ſuivie de la lettre d'un ſinge &c. 4 vol. in
12. *Leypſick,* 1781.
Découvertes (les nouvelles) des Ruſſes entre l'A-
ſie & l'Amérique, avec l'Hiſtoire de la conquête de
la Siberie, du commerce des Ruſſes, & des Chinois, traduit de l'Anglois, par M. Coxe. in 4.
Paris, 1781.
Défenſe (la) de la Réligion, de la morale, de la
vertu, de la politique & de la Société, par R.
P. Ch. L. Richard. in 8. *Paris,* 1775.
Deiſme (le) réfuté par lui-même, ou examen des
principes d'incrédulité répandus dans les divers
ouvrages de M. Rouſſeau, en forme de lettres,
par M. Bergier Docteur en Théologie. 2 vol.
in 12. Paris, 1774.
Deliſes du Brabant & de ſes campagnes, où deſcription des viiles, bourgs & principales terres
Seigneuriales de ce Duché, accompagnée des événemens les plus remarquables juſqu'au tems préſent, par M. de Cantillon, ouvrage enrichi de 200
très-belles figures. 4 vol. in 8. *Amſ.* 1757.
Délices (les) du Pays-Bas, ou deſcription Géographique & Hiſtorique des XVII Provinces Belgi-
ques. 5 vol. in 12. *Liége,* 1769.
Deſcription Abregée, Géographique & Hiſtorique
du Brabant Hollandois & de la Flandre Hollan-
doiſe, contenant un détail precis de la diſtribu-

tion de ce Pays &c. avec des plans exacts des
places fortes. in 12. *Paris*, 1748.
Description Historique de la ville de Paris & de ses
environs, par feu M. Piganiol de la force con-
sidérablement augmentée, avec figures en taille-
douce. 10 vol. in 12. *Paris*, 1765.
Description générale de l'univers, traduite de l'Anglois de Salmons, d'après la 15e. édition donnée à Londres en 1768, revue corrigée & augmentée, par M. l'Abbé Jurain enrichie de 28 cartes Géographiques. 2 vol. in 8. *Paris*, 1776.
Destin (le) de l'Amérique, où Dialogue Pittorefque in 8. *Londres*.
Détails des ouvrages de menuiserie pour les bâtimens, ou l'on trouve les différens prix de chaque
espece d'ouvrage, avec les tarifs nécessaires pour
le calcul du toifé, par M. Potain. 2e. édition.
in 8. *Paris*, 1778.
Devoirs & exercices d'un chrétien, où le petit
Paroissien. in 12. *Liege*, 1781.
Devoirs des Confesseurs dans l'administration du
Sacrement de la Pénitence, par M. A. Leget.
2 vol. in 12. *Lyon*, 1703.
Devoirs (les) des filles Chrétiennes, pour mener
une vie chaste & vertueuse dans le monde. in 12.
Paris, 1770.
Dévotion au Sacré Cœur de notre Seigneur Jesus-
Christ. in 12. *Limoges*, 1770.
Dévotion (la) du Calvaire, par le R. P. Jean
Craffet de la Compagnie de Jesus, avec figures
in 12. *Brux.* 1722.
Dévotion (de la véritable) traduit de l'Italien de
L. A. Muratori. in 12. *Paris*, 1778.
Diable (le) Boîteux, par M. le Sage. nouv. édi-
tion augmentée d'un volume par l'Auteur. 2 vol.
in 12. avec fig. *Amst.* 1775.
Dialogues sur l'Eloquence en général, & sur celle
de la Chaire en particulier, avec une Lettre ecrite
à l'Académie Françoise, par feu M. François de

Salignac de la Motte Fénélon Précepteur des Enfans de France , depuis Archevéque Duc de Cambray. in 12. *Paris* , 1774.

Dialogues fur le Commerce des Bleds. in 8. *Londres* , 1770.

Dialogues fur la Réligion Naturelle ouvrage pofthume de M. Hume. in 12. *Edimbourg* , 1780.

Dialogues (nouveaux) des Morts , receuillis de divers Journaux , & choifis avec foin. in 12.*Bouillon* , 1775.

Dialogues de Platon , par le traducteur de la République. 2 vol. in 12. *Amft.* 1770.

Dictionnaire univerfel François & Latin , vulgairement appelé Dictionnaire de Trévoux , contenant la fignification & la définition des mots de l'une & de l'autre langue , avec leur différens ufages. 8 vol. in folio. *Paris* , 1771.

Dictionnaire (abrégé du) univerfel François & Latin , vulgairement appelé Dictionnaire de Trévoux , par M. Berthelin. 3 vol. in 4. *Paris* , 1762.

Dictionnaire univerfel François-Latin dédié àMgneur. le Dauphin , par M. M. l'Allemant , ouvrage compofé fur le model du Dictionnaire Latin-François , de M. Boudot. 4e. édition. in 8. *Paris* , 1779.

Dictionnaire des Commençans , François & Latin. nouv. édition. in 8. *Grenoble* , 1775.

Dictionnaire du vieux langage François ; contenant auffi la langue Romance , où Provençale , & la Normande du 9eme. au 15e. fiecle , enrichi des paffages en vers & en profe , pour faciliter l'intelligence des Loix , des Ufages , des Coutumes & des Actes publics ; avec un coup d'œil fur l'origine , fur les progres de la langue & de la Poëfie Françoife , des fragmens , des Troubadours & des autres Poetes , depuis Charlemagne , jufqu'à François I. 2 vol. in 8. *Paris* , 1767.

Dictionnaire portatif de la langue Françoife , extrait du grand Dictionnaire de Pierre Richelet , contenant tous les mots ufités , leur genre & leur

définition , avec les différentes acceptions dans lefquelles ils font employés au fens propre & au
figuré , nouv. édition, entiérement réfondue &
augmentée de plus de 12000 mots & d'autant de
phrafes , par M. de Wailly. 2 vol. in 8. *Liege* , 1776.

Dictionnaire portatif des régles de la Langue Françoife , contenant les principes néceffaires pour
écrire & parler correctement le François en profe
& en vers ; les régles de la Grammaire, de l'Orthographe, de la ponctuation , & généralement
de tout ce qui concerne la Logique, la Rhétorique , la Vérfification &c. le tout appuyé fur les
autorités des meilleurs Auteurs. 2 vol. in 8. *Paris* , 1770.

Dictionnaire de l'Académie Françoife, nouv. édition. 2 vol. in 4. *Lyon* , 1776.

Dictionnaire Grammatical de la Langue Françoife,
contenant toutes les régles de l'Orthographe , de
la Prononciation , de la Profodie , du Régime ,
de la Conftruction &c. nouv. édition. 2 vol. in 8.
Paris , 1768.

Dictionnaire des Rimes , par P. Richelet , où fe
trouvent , 1°. les mots , & les genres des mots.
2d°. un traité complet de la Vérfification & les
régles de différens ouvrages en vers , nouv. édition. in 8. *Paris* , 1778.

Dictionnaire des mots Homonymes de la langue
Françoife , c'eft-à-dire , dont la prononciation eft
la même & la fignification différente , par M.
Hurtaul. in 12. *Paris* , 1775.

Dictionnaire de Synonymes François, nouv. édition. in 12. *Paris* , 1768.

Dictionnaire de Littérature , dans lequel on traite
de tout ce qui a rapport à l'éloquence, à la Poëfie , & aux Belles-Lettres , & dans lequel on enfeigne la morale & les régles que l'on doit obferver dans tous les ouvrages d'efprit , par l'Auteur des
trois fiécles de la Littérature. 3 vol. in 8. *Paris* , 1777.

Dictionnaire (nouveaux) François-Italien , compofé fur les Dictionnaires de l'Académie de France , & de la Crufca enrichi de tous les termes propres des Sciences & des Arts, par M. l'Abbé François d'Alberti de Villeneuve. in 4. *Marfeille* , 1772.

Dictionnaire (nouveau) du Voyageur, François-Allemand-Latin , & Allemand-François-Latin. 2 vol in 8. *Francfort* , 1780.

Dictionnaire (nouveau) François-Allemand , contenant tous les mots les plus connus & ufités de la langue Françoife , par Pierre Rondeau, nouv. édition. 2 vol. in 4. *Leipzig* , 1765.

(a) Dictionnaire François Flamand & Flamand-François, par Halma. 2 vol. in 4. *Leide* , 1758-61.

Dictionnaire François-Flamand , & Flamand-François , par J. des Roches. 2e. édition. 2 vol. in 8. *Anvers* , 1777.

Dictionnaire (le nouveau petit) avec des entretiens en François & en Flamand , par M. Reitaut. *Gand.*

Dictionnaire Royal François - Anglois & Anglois-François , tiré des meilleurs Auteurs qui ont écrit dans ces deux langues , par A. Boyer, nouv. édition. 2 vol. in 4. *Lyon* , 1780.

Dictionnaire des cas de Confcience , où décifions de plus confidérables difficultés touchant la Morale & la difcipline Eccléfiaftique , par feu Meffire Jean Pontas. nouv. édition. *Paris* , 1740.

———— Le même , par Delamet & Fromageau. enfemble. 5 vol. in folio. *Paris* , 1740.

Dictionnaire abrégé de la Bible pour la connoiffance des Tableaux Hiftoriques tirés de la Bible même , & de Flavius Jofeph. in 12. *Paris* , 1———.

Dictionnaire Apoftolique, à l'ufage de MM. les Curés des villes & de la campagne, & de tout ceux qui fe deftinent a la chaire, par le P. Hyacinthe de Montargon. 14 vol. in 12. *Paris* , 1770.

Dictionnaire portatif des Prédicateurs François dont les Sermons, Prônes, Homelies, Panegyriques & Oraifon Funebres, font Imprimés , *Lion* , 1757.

Dictionnaire Théologique, contenant l'expofition &
les preuves de la révélation, de tout les dogmes
de la foi, & de la morale, &c. par M. Alletz.
in 8. *Paris*, 1767.

Dictionnaire Hiftorique des Auteurs Eccléfiaftiques.
4 vol. in 8. *Lyon*, 1767.

Dictionnaire Philofophique de la Réligion, où l'on
établit tous les points de la réligion, attaqués par
les incrédules, & où l'on répond à toutes leurs
Objections, par l'Auteur des Erreurs de Voltaire.
4 vol. in 12. 1775.

Dictionnaire Anti-Philofophique pour fervir de
commentaire & de correctif au Dictionnaire Philofophique & aux autres livres qui ont paru de
nos jours contre le Chriftianifme, ouvrage dans
lequel ou donne en abrégé les preuves de la
réligion, & la réponfe aux Objections de fes
adverfaires. 2 vol. in 8. *Avignon*, 1774.

Dictionnaire Hiftorique des Cuites réligieux établit
dans le monde, depuis fon origine jufqu'a préfent.
5 vol. in 8. *Liege*, 1772.

—— Le même. 3 vol. in 8. *Paris*, 1775.

Dictionnaire Hiftorique portatif des ordres Réligieux & Militaires & des Congrégations Régulieres & Séculieres &c, par M. M. C. M. D. P. D.
S. J. D. M. E. G. in 12. *Amfl.* 1769.

Dictionnaire du droit Canonique & de Pratique
Bénéficiale, conféré avec les maximes & la Jurifprudence de France &c. 5 vol. in 4. *Lyon*, 1776.

Dictionnaire du Droit & de Pratique, contenant
l'explication des termes de Droit, d'Ordonnances,
de Coutumes & de pratique &c. par M. Claude
Jofeph de Ferriere, nouvelle édition. 2 vol. in 4.
Touloufe, 1779.

Dictionnaire univerfel des Arts & des Sciences,
François Latin & Anglois, où Encyclopédie Françoife, Latine & Angloife. 2 vol. in 4. *Londres*, 1775.

Dictionnaire univerfel, des Sciences, Morale,
Economique, Politique & Diplomatique où Bi-

bliothéque de l'homme d'Etat & du Citoyen. 30 vol. in 4. *Londres*, 1777.

Dictionnaire raifonné univerfel des Arts & Métiers, contenant l'hiftoire, la defcription, la police des Fabriques & Manufactures de France & pays étrangers, revu & mife en ordre, par l'Abbé Jaubert. 5 vol. in 8. *Paris*, 1773.

Dictionnaire des Artiftes, où Notice, Hiftorique & raifonnée des Architectes, Peintres, Graveurs, Sculpteurs, Muficiens, Acteurs & Danfeurs, Imprimeurs, Horlogers, & Méchaniciens, par l'Abbé de Fontenai. 2 vol. in 8. *Paris*, 1776.

Dictionnaire de Phyfique dedié à Mgneur. le Dauphin, 2e. édition, revûe & corrigée fur l'édition en 3 vol. in 4. par M. Aimé-Henri Paulian. 3 vol. in 8. *Nimes*, 1773.

Dictionnaire de Phyfique, dedié au Roi, VIIIe. édition revue corrigée & enrichie des découvertes faites dans cette Science, depuis l'année 1773, par M. Aimé Henri Paulian. 4 vol. in 8. *Nimes*, 1781.

Dictionnaire de Phyfique, par M. Sigaud de la Fond Profeffeur de Phyfique &c. 4 vol. in 8. avec fig. *Paris*, 1781.

Dictionnaire raifonné de Phyfique, par M. Briffon. 3 vol. in 4. avec. fig. *Paris*, 1781.

Dictionnaire raifonné univerfel d'Hiftoire Naturelle, contenant l'Hiftoire des Animaux, de Végétaux & des Minéraux, &c. par M. de Valmont de Bomare. 9 vol. in 8. *Paris*, 1775.

Dictionnaire portatif d'Hiftoire Naturelle. 2 vol. in 12. *Francfort*, 1762.

Dictionnaire univerfel d'Agriculture, théorique, pratique, economique & de Médecine rurale & Vétérinaire, par une Société d'Agriculteurs & rédigé par M. l'Abbé Rozier. 6 vol. in 4. *Paris*, 1781.

Dictionnaire Botanique & Pharmaceutique, contenant les principales propriétés des minéraux, des végétaux & des animaux, d'ufages avec les pré-
parations

parations dePharmacie internes & externes, par***.
2 vol. in 12. *Paris*, 1777.

Dictionnaire pour la théorie & la pratique du Jardinage & de l'Agriculture par principe, par M. l'Abbé Roger Schabol. in 8. *Paris*, 1767.

Dictionnaire, (l'Agronome où) portatif des cultivateurs, contenant toutes les connoiſſances néceſſaires pour gouverner les Biens de Campagnes & les faire valoir utilement, pour ſoutenir ſes droits, conſerver ſa ſanté, & rendre gratieuſe la vie Champêtre. 2 vol. in 8. *Paris*, 1770.

Dictionnaire pour la théorie & la pratique du Jardinage & de l'Agriculture par principes, & démontrées d'après la Phyſique des Végétaux, par M. l'Abbé Roger Schabol. in 8. *Paris*, 1767.

Dictionnaire Œconomique, contenant divers moyens d'augmenter ſon Bien & de conſerver ſa Santé, par M. NoelChomel. 4 vol. in folio. *Commercy*, 1741.

Dictionnaire portatif des Herboriſans, où manuel de Botanique à l'uſage des Etudians en Médecine, en Chirurgie, en Hiſtoire Naturelle & des Amateurs. 2 vol. in 8. *Paris*, 1772.

Dictionnaire (le grand) Hiſtorique, où mélange curieux de l'Hiſtoire Sacrée & Profane, qui contient en abrégé l'Hiſtoire Fabuleuſe des Dieux & des Héros de l'Antiquité Païenne, par M. Louis Moreri, nouv. édition. 10 vol. in fol. *Paris*, 1759.

Dictionnaire (le grand) Géographique, Hiſtorique & Critique de M. Bruſen de la Martiniere, nouv. édition augmentée. 6 vol. in folio. *Paris*, 1768.

Dictionnaire Hiſtorique & Géographique portatif de l'Italie, contenant une deſcription des royaumes, des républiques, des états, des provinces, des villes & des lieux principaux de cette contrée, avec des obſervations ſur le Commerce d'Italie, ſur le génie, les mœurs & l'induſtrie de ces habitans, ſur la Muſique, la Peinture, l'Architecture, ſur les choſes les plus rémarquables, ſoit de la nature, ſoit de l'art. 2 vol. in 8. *Paris*, 1775.

Dictionnaire Géographique , par M. Vofgien, augmenté de la Géographie ancienne. 2 vol. in 8. *Paris*, 1778.

Dictionnaire, où traité de la Police générale de Villes , Bourgs , Paroiffes & Seigneuries de la Campagne , par M. Edme de la Poix des Freminville. in 4. *Paris* , 1758.

Dictionnaire , où traité de la Police générale des Villes , Bourgs , Paroiffes & Seigneuries de la Campagne, dans lequel on trouvera tout ce qui eft néceffaire de favoir & de pratiquer en cette partie , par un Procureur Fifcal dans toute l'étendue de fa juftice, par Me. Edme de la Poix de Freminville , nouv. édition. in 8. *Paris* , 1775.

Dictionnaire Hiftorique & Critique , où recherches fur la vie , le caractere , les mœurs & les opinions de plufieurs hommes célébres; tirées des Dictionnaires de Mrs. Bayle & Chaufepié , pour fervir de Supplément aux différens Dictionnaires Hiftoriques , par M. de Bcounegarde. 4 vol. in 8. *Lyon* , 1771.

Dictionnaire (nouveau) Hiftorique, où Hiftoire abrégée de tous les hommes qui fe font fait un nom par la génie , les talens, les vertus, les erreurs &c. , depuis le commencement du monde jufqu'à nos jours, IVe. édition, par une Société de Gens de Lettres. 6 vol. in 8. *Cand* , 1779.

Dictionnaire Hiftoriques des Femmes Célébres. 3 vol. in 12. *Paris* , 1759.

Dictionnaire des gens du Monde , Hiftorique , Littéraire, Critique , Morale, Phyfique , Militaire, Politique , Caractériftique & Social &c. 5 vol. in 12. *Paris* , 1770.

Dictionnaire Philofopho-Théologique portatif, contenant l'accord de la véritable Philofophie avec la faine Théologie & la réfutation des faux principes établis dans les écrits de nos Philofophes modernes, par l'Auteur du Dictionnaire de Phyfique. in 8. *Nifmes* , 1770.

Dictionnaire Hiſtorique des Saints Perſonnages, où l'on peut prendre une notion exacte & ſuffiſante de la vie & des actions mémorables des Héros du Chriſtianiſme. 2 vol. in 12. *Paris*, 1772.

Dictionnaire Critique, Pittoreſque & Sentencieux, par l'Auteur de la converſation avec ſoi-même. 3 vol. in-12. *Lyon*, 1768.

Dictionnaire raiſonné d'Hippiatrique, Cavalerie, Manége & Maréchalerie, par M. la Foſſé Maréchal du Roi, nouv. édition 2 vol. in 8. *Brux.* 1776.

Dictionnaire Hiſtorique, Théorique & Pratique de Marine, par M. de Saverien Ecuyer & ancien Ingénieur ordinaire du Roi. 2 vol. in 8. *Paris*, 1781.

Dictionnaire Sociale & Patriotique &c. par M. C. R. F. L. D. B. A. A. P. D. P. in 8. *Amſt.* 1770.

Dictionnaire d'Anecdotes, des traits ſinguliers, & Caractériſtiques, Hiſtoriettes, bons Mots, Naïvetés, Saillies, réparties ingénieuſes &c. 2 vol. in 12. *Lille*, 1781.

Dictionnaire abrégé de la Fable, pour l'intelligence des Poëtes, des Tableaux & des Statues, dont les ſujets ſont tirés de l'Hiſtoire Poëtique, par M. Chompré Licencié en Droit. in 12. *Paris*, 1779.

Dictionnaire des Théâtres de Paris. 6 vol. in 8. *Paris*, 1756.

Dictionnaire des Merveilles de la Nature, par M. A. J. S. D. 2 vol. in 8. *Paris*, 1781.

Dictionnaire des Antiquités Romaines, où explication abrégée des cérémonies, des coutumes, & des antiquités Sacrées & Profanes, publiques & particuliers, civiles & militaires, communes aux Grecs, & aux Romains, ouvrage traduit & abrégé du grand Dictionnaire de Samuel Pitiſcus. 2 vol. *Paris*, 1765.

Dictionnaire abrégé d'antiquités, pour ſervir à l'intelligence de l'Hiſtoire ancienne, tant ſacrée que profané, & à celle des Auteurs Grecs & Latins. in-12. *Paris*, 1780.

Dictionnaire des Origines , où Epoques des inventions utiles, des découvertes importantes , à l'établiffement des peuples , de réligions, des fecrets , des héréfies, des loix , des coutumes, des modes , des dignités , des monnoyes &c. 6 vol. in 8. *Paris* , 1777.

Dictionnaire Roman , Walon , Celtique & Lavefque, pour fervir à l'intelligence des anciennes Loix & Contrats &c. par un réligieux Bénédictin. in 4. *Bouillon* , 1777.

Dictionnaire de la Nobleffe , contenant les Généalogies , l'Hiftoire & la Chronologie des Familles Nobles de France, &c. 12 vol. in 4. *Paris* , 1772.

Dictionnaire Généalogique, Héraldique, Chronologique & Hiftorique , contenant l'Origine & l'état actuel des premieres maifons de France, des Maifons Souveraines & Principales de l'Europe. 7 vol. in 8. *Paris* , 1757.

DictionnaireTypographique,Hiftorique&Critique des livres rares, finguliers, eftimés, & recherchés en tous genres , par J. B. L. Ofmont. 2 vol. in 8. 1768.

Dictionnaire Hiftorique & Bibliographique portatif, contenant l'Hiftoire des Patriarches & Princes, tant anciens que modernes , &c. par M. l'Abbé l'Advocat. in 8. 3 vol. *Paris* , 1777.

Dieu , (un feul) où la Fable en Figure.

Directeur (le) Spirituel pour ceux qui n'en ont point, par l'Auteur de l'inftruction fur les difpofitions qu'on doit apporter aux Sacremens de Pénitence & d'Euhariftie. in 12. *Paris* , 1781.

Difcours fur l'Hiftoire Eccléfiaftique, par M. l'Abbé Fleury Confeffeur du Roi. in 12. *Paris* , 1764.

Difcours fur l'Hiftoire univerfelle , à Mgneur le Dauphin, pour expliquer la fuite de la Réligion, & le changemens des Empires, par Meffire J. B. Boffuet Evêque de Meaux &c. 2 vol. in 12 *Paris* , 1771.

Difcours fur l'Hiftoire ancienne des Egyptiens ,

des Carthaginois, des Affyriens, des Chaldéens, des Perfes, des Grecs, des Roys de Syrie, d'Egypte, de Pont, d'Arménie, avec l'abrégé de la Géographie ancienne, une carte de l'ancien Continent. in 12. *Amft.* 1774.

Difcours pour convaincre l'incrédulité, ramener le Proteftant, convertir le Pêcheur, former le vrai jufte, & enfeigner aux fidéles à faire un faint ufage des indulgences & du Jubilé, par l'Abbé de Marfis, Curé de la ville de Gourdon. in 12 *Paris*, 1778.

Difcours de Son Excellence Mr. Jean Hancock Préfident du Congrès de Philadelphie. in 8. *Philadelphie*, 1776.

Difcours fur la conduite du Gouvernement de la Grande-Bretagne. *la Haye*, 1759.

Difcours fur les mœurs, prononcé au Parlement de Grenoble en 1769, par M. Servan. in 8. *Lyon.*

Difcours fur l'Inauguration de la Statue de S. A. R. le Duc Charles de Lorraine, fuivi du précis hiftorique de fa vie. in 8. *Brux.* 1774.

Difcours qui à remporté le prix de la Société Royale d'Agriculture de Soiffons de l'année 1779, par l'Abbé de Moutlinot. in 8. *Lille*, 1779.

Difcours & Lettres fur différens fujets, par de la Croix. 2 vol. in 12. *Amft.* 1777.

Difcours généraux & raifonnés fur l'Hiftoire de l'Eglife. 3 vol. in 12. *Paris*, 1779.

Difcours fur divers fujets de Réligion & de morale, par Flexier de Reval. 2 vol. in 12. 1777.

Difcours Moraux, où Sermons fur divers Textes de l'Ecriture Sainte. in 12. *la Haye*, 1771.

Difcours fur l'Etude pour un Pafteur des Ames, par M. l'Abbé Roy. *Paris*, 1776.

Differtation Canonique & Hiftorique fur l'autorité du St. Siége & les décrets qu'on lui attribue in 12. *Utrecht*, 1779.

Differtation fur l'Hiftoire Univerfelle, depuis le

commencement du monde jufqu'à préfent, par
l'Abbé Mann. in 8. *Brux.* 1776.

Differtation philofophique & critique, fur un faux
jugement porté contre les progres des Sciences,
où le foi-difant progret des lettres, à l'occafion
de l'enlevement d'un Prifonnier du For-l'Evêque,
prifon de Paris, par les déguifemens de fa Maîtreffe. in 8. *Paris*, 1780.

Differtation fur le Commerce, compofée en Italien
par le Marquis Belloni, trad. en François. in 8.
Avignon, 1751.

Differtation fur les interdits arbitraires de la Célébration de la Meffe aux Prêtres qui ne font pas
du Diocèfe, on en démontre l'abus. in 12. 1781.

Differtation fur la maniere de Cultiver des Plantes
choifies dans les chaffis Phyfiques du fieur Mallet.
in 4. *Paris*, 1778.

Differtation fur la théorie des Cométes, qui ont
concouru au Prix propofé par l'Académie Royale
des Sciences & Belles - Lettres de Pruffe pour
l'année 1777 & adjugé en 1778 in 4. *Utrecht*, 1780.

Diverfités Galantes & Littéraires. in 12. *Londres*, 1777.

Doutes & Queftions propofées par Montanus à
Batavus fur les droits de Neutralité, par Hubner,
avec des réflexions fur le nouveau Syftême de
la Neutralité armée. in 8. *Londres*, 1781.

Droit (le) de la Nature & des gens, où Syftême
général des principes les plus importans de la
morale, de la Jurifprudence, & de la Politique,
par le Baron de Pufendorf, trad. du Latin, par Jean
Barbeyrac, nouv. édition. 2 vol. in 4. *Bafle*, 1771.

Droit (le) des gens, où principes de la Loi Na-
turelle appliqués à la conduite & aux affaires des
Nations & des Souverains, par de Vattel. in 4.
Leyde, 1758.

Droit (le) de la Guerre & de la Paix, par
Hugues Grotius, nouv. traduction par Jean Barbeyrac. 2 vol. in 4. *Amft.* 1729.

Droits des Curés & des Paroiffes confidérés fous

leur double rapport fpirituel & temporel. in 8. *Paris*, 1776.

Droits (les) de la vraye Réligion, foutenus contre les maximes de la nouvelle Philofophie, par l'Abbé Floris. 2 vol. in 12. *Paris*, 1774.

Droits (les) du fecond ordre, défendu contre les Apologiftes de la domination Epifcopale, où réfutation d'une confultation fur l'autorité légiflative des Evêques dans leurs Diocèfes publié en 1775 &c. in 12. 1779.

Dunciade (la) Poëme, nouv. édition. in 12. *Londres*, 1776.

———— Le même. *Londres*, 1781.

Duc (le) d'Alnay. 2 vol. in 8. *Paris*, 1776.

Dictionarium novum Belgico-Latinum, ex optimis authoribus, per R. P. Franc. Pomey, editio noviffima. in 8. *Antverpiæ*, 1777.

Diarium Italicum, five Monumentorum veterum Bibliothecarum, Mufæorum &c. per R. P. D. Bernard. de Montfaucon. in 4. *Parifiis*, 1702.

E.

Eclairciffemens fur le Martyre de la Réligion Thébèenne & fur l'époque de la perfécution des Gaules, fous Dioclétien & Maximilien, par P. de Rivaz. in 8. *Paris*, 1779.

Ecole Dramatique de l'homme, fuite des jeux de la petite Thalie, age Viril, depuis 20 ans jufqu'à 50, par de Moiffy, in 8. *Paris*, 1770.

Ecole de Cavalerie, contenant la connoiffance, l'inftruction & la confervation du Cheval, par de la Gueriniere Ecuyer du Roi. 2 vol. in 8. *Paris*, 1769.

(a) Ecole de la Mignature dans laquelle, on peut apprendre à peindre fans Maître. in 8. *Brux.* 1759.

Ecole (l') de la vertu, où lettres morales utiles à toutes perfonnes pour fe conduire dans le monde, principalement la jeuneffe. in 12. *Peitiers*, 1772.

Ecole (l') de Salerne, où l'art de conserver la Santé, par l'Avacher de la Feutrie. in 12. *au Mont-Caffin.* 1779.

Ecole (l') du Jardinier Fleuriste, par un Membre de la Société Economique de Berne. in 12. *Amft.* 1779.

Ecolier (l') Vertueux, où vie édifiante d'un Eco-colier de l'Univerfité de Paris, mort le 23 Décembre 1768, par l'Abbé ***. in 12. *Paris*, 1772.

Economie de la vie Humaine. in 8. *Gand*, 1773.

Examen critique des obfervations fur l'Atlandide de Platon de M. Bailly, par l'Abbé Crey ***. in 12. *Paris*, 1779.

Education (de l') de Filles, par M. Franç. de Salignac de la Motte-Fénélon Archevêque Duc de Cambray. in 12. *Porto*, 1772.

Education complette, où abrégé de l'Hiftoire univerfelle, par Mme. le P. de Beaumont. 3 vol. in 12. *la Haye*, 1777.

Education (de l') Phyfique & morale des Femmes, avec une notice alphabétique de celles qui fe font diftinguées dans les différentes carrieres de Sciences & des Beaux Arts, &c. in 12. *Brux.* 1779.

Education complette, où abrégé de l'Hiftoire univerfelle, mêlé de Géographie & de Chronologie, par Md. le Prince de Beaumont. 3 vol. in 12. *la Haye*, 1777.

Effets (les) de l'amour du bien public, dans l'homme d'Etat. in 8. *Paris*, 1779.

Egaremens (les) de l'Amour, où lettres de Fanéli & de Milfort, par M. Imbert. 2 vol. in 8. avec fig. *Amft.* 1776.

Egaremens (les) du Cœur & de l'Efprit, où Mémoire de Meilcour. 3 vol. in 12. *la Haye*, 1758.

—— Le même, par Crebillon. in 12. *Maeftricht*, 1779.

Egaremens (les) réparés, où Hiftoire de Miff

Louife Mildmay , traduit de l'Anglois , par Mdle. Matné de Morville. in 12. *Londres* , 1773.

Egiflation , (de la l') où principes des Loix , par l'Abbé de Mably. in 12. *Amfl.* 1777.

Electricité (de l') du corps humain , dans l'état de Santé & de Maladie , ouvrage couronné , par l'Académie de Lion , par l'Abbé Bertholon de Sr. Lazare &c. in 12. *Paris* , 1780.

Elémens du droit Naturel , par J. Jacques Burlamaqui Profefleur en Droit , ouvrage Pofthume publié complet pour la premier fois. in 8. *Laufanne* , 1775.

(a) Elémens des Sciences , par Decoré. in 12. *Leyde* , 1762.

Elémens de Phyfique , où abrégé de cours complet de Phyfique , fpéculative & expérimentale , fyftématique & géometrique , de l'Abbé Para du Phanjas. in 8. *Paris* , 1781.

Elémens de Métaphyfique facrée & profane , où abrégé du cours complet de Métaphyfique & de la Philofophie de la Réligion , par l'Abbé Para Duphanjas. in 8. *Paris* , 1780.

Elémens (abrégé des) Mathématiques , par M. Rivard , VIIIe. édition. in 8. *Paris* , 1772.

Elémens du Jardinage utile , où maniere de cultiver avec fuccès le potager & les vergers , d'après les principes & les expériences de Roger Schabol. in 12. *Bouillon* , 1776.

Elémens d'Agriculture , par M. Duhamel du Monceau. 2 vol. in 12. *Paris* , 1779.

Elémens (les) d'Euclide du R. P. de Challes & de M. Ozanam de l'Académie Royale des Sciences , par M. Audierne. in 12. *Paris* , 1778.

Elémens de la Géométrie fouterraine , théorique , & pratique , d'après les leçons de M. Koening. in 8. *Paris* , 1780.

Elémens d'Algébre , où du calcul Littéral , avec un précis de la méthode analytique appliquée à la réfolution des Equations du premier & du 2e. dégré, par M. le Blond. in 8. *Paris*, 1768.

Elémens (les) de la Langue Angloife dévelopés d'une maniere nouvelle & facile en forme de Dialogue, par V. J. Peyton. in 12. *Londres*, 1780.

Elémens de politeffe & de bienféance, où de la civilité qui fe pratique parmi les honnêtes gens. in 12. *Liege*, 1773.

Elémens d'hiftoire générale, par l'Abbé Millot, des Académies de Lyon & de Nanci, contenant l'hiftoire ancienne & moderne. 9 vol. in 12. *Paris*, 1777.

Elémens de l'hiftoire d'Angleterre, depuis la conquête des Romains, jufqu'au regne de George II, par l'Abbé Millot. 3 vol. in 12. *Paris*, 1776.

Elémens de l'Hiftoire de France, depuis Clovis jufqu'à Louis XV, par l'Abbé Millot. 3 vol. in 12. *Paris*, 1778.

Eléve (l') de la Nature, augmenté d'un volume, & orné des figures en taille douce. 3 vol. in 12. *Lille*, 1778.

Eloge de Monfeigneur le Dauphin, Pere de Louis XVI, par Tillaffier. in 8. *Paris*, 1779.

———— Le même, par l'Abbé***. in 8. *Paris*, 1780.

———— Le même, par l'Abbé de Boulogna. in 8. *Paris*, 1781.

Eloge de Marie-Thérèfe Reine d'Hongrie, par l'Abbé Juinel. in 8. *Paris*, 1781.

Eloge Funebre de Meffire Claude Léger Curé de St. André-des-Arcs. in 12. *Malines*, 1781.

Eloge de l'Afne, par un Docteur de Montmarte. in 12. *Londres*, 1769.

Eloges (collection de divers) publiés à l'occafion du prix propofé par l'Académie Françaife en 1777. *Paris*, 1778.

Eloge de M. Helvetius. in 8.

Eloge Hiftorique du Brave Crillon, difcours qui a remporté le prix d'Eloquence dans l'Académie d'Amiens en 1779, par l'Abbé Regley. in 8. *Paris*, 1779.

Eloge de M. Crébillon , & la critique de ſes ouvrages. in 8.

Eloge de Michel de l'Hôpital Chancelier de France. in 8. *Paris* , 1777.

Eloge de Milord Maréchal , par d'Alembert. in 8.
Berlin , 1779.

Eloge de Suger Regent du Royaume ſous le Regne
de Louis le jeune , par Garat. in 8. *Paris* , 1779.

Eloge de Voltaire , par M. de la Dixmerie. in 8.
Paris , 1779.

———— Le même , par S. M. le Roi de Pruſſe
in 8. *Berlin* , 1778.

Eloquence (de l') du Barreau , contenant l'hiſtoire
des progrès de l'Eloquence du Barreau , les qualités néceſſaires & les régles pour former un Avocat. in 12. *Paris* , 1776.

Encyclopédie , où Dictionnaire raiſonné des Sciences, des Arts & des Métiers , par une Société de
gens de Lettres. 35 vol. in folio compris le Supplément & la table. *Paris* , 1757.

Encyclopédie de Juriſprudence , où Dictionnaire
complet , univerſel , raiſonné , hiſtorique & politique de Juriſprudence , civile , criminelle , canonique & bénéficiale de toutes les nations de l'Europe , par une Société de juriſconſultes de Publi-
ciſtes & de gens deLettres. 30 vol. in 4. *Brux.* 1779.

Encyclopédie (nouvelle) portatif, où tableau Général des Connoiſſances Humaines , ouvrage receuilli des meilleurs Auteurs , dans lequel on en-
treprend de donner une idée exacte des Sciences
les plus utiles , & de le mettre à porté du plus
grand nombre desLecteurs. 2 vol. in 12.*Paris*, 1777.

Entretiens avec Jeſus-Chriſt dans le St. Sacrement
de l'Autel. in 12. *Paris*, 1771.

Entretien d'un Chevalier converti , avec une Marquiſe , touchant la Réligion , ſuivi d'un diſcours
ſur le vrai bonheur de la vie, &c. in 12. *Paris*, 1779.

Entretiens ſur les vérités fondamentales de la Réligion , pour l'inſtruction des officiers & gens de

mer, par le Pere Yves de Valois. 4 vol. in 12. *Lyon*, 1751.

Entretiens d'Angélique, pour exciter les jeunes du fexe à l'amour, & à la pratique de la vertu, par Mlle. Loquet, nouv. édition. in 12. *Paris*, 1782.

Entretiens de Cicéron fur la nature des Dieux, traduit par l'Abbé d'Olivet, nouv. édition. 2 vol. in 12. *Paris*, 1775.

Entretiens (les) de Clio & de Mnémofyne. in 12. *Paris*.

Entretiens Philofophiques fur la Réligion. 4 vol. in 12. *Paris*, 1772.

Epîtres & Evangiles des Dimanches & Fêtes de l'année. in 12. *Rouen*, 1778.

Epître à l'ombre d'un ami, fuivie de deux Odes & de quelques idées fur Corneille. in 8. *Paris*, 1777.

Epirre de M. de Voltaire aux Parifiens. in 8. *Paris*, 1776.

Epître à M. de Mouregard. in 8. *Amiens*, 1776.

Epître fur les Voyages, par l'Abbé de Lille. in 4. *Amiens*, 1765.

Epoques (les) de la Nature, par le Comte de Buffon, Intendant du jardin & du Cabinet du Roy &c. 2 vol. in 12. *Paris*, 1780.

Epoux (les) malheureux, où Hiftoire de M. & Mdme. de la Bedoyere, écrite par un ami. in 12. *la Haye*, 1780.

Erafte, où l'ami de la jeuneffe, entretiens familiers, ouvrage qui doit intéreffer les Peres & Meres & généralement toutes les perfonnes chargées de l'éducation de la jeuneffe, nouv. édition 2 vol. in 12. *Paris*, 1774.

Erreurs (les) d'une jolie Femme, où l'Afpafie Françoife. 2 vol. in 12. *Brux.* 1781.

Erreurs (les) de Voltaire, confidérablement augmentés, avec un avant propos pour le fecond tome, une table de matieres, & un bref de N. S. P. le Pape Clément XIII, par l'Abbé Nonnotte. 3 vol. in 12. *Lyon*, 1774.

Espérance (de l') Chrétienne contre l'esprit de Pu-
sillanimité & de défiance , & contre la crainte
excessive. in 12. *Paris* , 1777.

Espion (l') François à Londres , où Observations
critiques sur l'Angleterre & sur les Anglois , par
le Chevalier dë Goudar , 2e. édition. 2 vol.
in 8. *Londres* , 1779.

Espion (l') Anglois , où correspondance secrette
entre Milord All'eye & Milord Alle'ar , considé-
rablement augmenté. 5 vol. in 12. *Londres* , 1780.

Espion Anglois , (Supplément à l') où Lettres
intéressantes sur la rétraite de M. Necker &c.
par l'Auteur de l'EspionAnglois. in 8. *Londres*, 1781.

Esprit (l') des Apologistes de la Réligion Chrétienne , où réunion des preuves les plus sensibles
& les plus convainquantes qui ont servi pour sa
défense , avec les réponses aux principales difficultés , par un Prêtre du Diocèse de Reims. 3
vol. in 12. *Bouillon*.

Esprit (l') de St. Thérèse recueilli de ses Œuvres
& de ses Lettres , avec les Opuscules , nouv. édition. in 8. *Lyon* , 1779.

Esprit (l') de Bossuet , où choix des pensées tirées
de ses meilleurs ouvrages. in 12. *Bouillon* , 1771.

Esprit (l') de S. Vincent de Paul , où modéle de
conduite proposé à tous les Ecclésiastiques , dans
ses vertus , ses actions , & ses paroles , par André
Anfart Prêtre conventuel de l'Ordre de Malthe.
in 12. *Paris* , 1780.

Esprit (l') des Esprits , où pensées choisies , pour
servir de suite aux maximes de la Rochefaucault.
in 12. *Londres* , 1777.

Esprit Philosophique & Politique , d'un Membre
de la Société Royale de Londres. 2 vol. in 12.
la Haye , 1778.

Esprit (l') des Loix , où rapport qu'elles doivent
avoir avec la constitution de chaque Gouvernement , les mœurs , le climat , la Réligion , & le
Commerce , &c. 3 vol. in 12. *Amst.* 1755.

Esprit (l') de la Fronde , où Histoire Politique &

Militaire des troubles de France, pendant la mi-
norité de Louis XIV. 5 vol. in 12. *Paris*, 1772.
Efprit (l') de la Ligue, où Hiftoire Politique des
troubles de France, par M. Anquetil Chanoine
de la Congrégation de France. 3 vol. in 12. *Paris*, 1779.
Efprit du grand Corneille, extrait de fes Œuvres
Dragmatiques. 2 vol. in 12. *Bouillon*, 1773.
Efprit (l') des Ufages & des Coutumes des différens Peuples, où Obfervations tirées des Voyageurs & des Hiftoriens, par Demeunier. 3 vol.
in 8. *Paris*, 1776.
Effai fur l'éloquence de la Chaire, confidérablement
augmenté par l'Abbé de Befplas Vicaire général du Diocèfe de Befançon. in 12. *Paris*, 1778.
Effai fur la Prédication, où Carême entier en un
feul difcours. in 12. *au Mont Senaï*, 1781.
Effai Hiftorique & Critique fur les Juifs anciens &
modernes, où Supplément aux mœurs des Ifraë-
lites de l'Abbé Fleuri. 4 vol. in 12. *Lyon*, 1771.
Effai fur les principes du Droit, tant ancien que
moderne en matiere de Poffeffion. in 12. *Louvain*, 1780.
Effai Philofophique concernant l'entendement humain, où l'on montre qu'elle eft l'étendue de nos
connoiffances certaines, & la maniere dont nous
y parvenons, par M. Locke. 4 vol. in 12. *Amft.*
1774.
Effai fur la Vie de Séneque le Philofophe, fur fes
écrits & fur le regne de Claude de Neron. in 12.
la Haye, 1779.
Effai Philofophique fur le Monachifme, par M. L
in 8. *Paris*, 1775.
Effai Analytique fur la Richeffe, & fur l'impôt,
où l'on réfute la nouvelle doctrine Economique,
qui à fourni à la Société Royale d'Agriculture de
Limoges les principes de Programme qu'elle à
publié fur l'effet des Impôts indirects. in 8. *Londres*, 1767.

Essai sur les moyens d'abolir la Mendicité dans tous les Pays. in 12. *Rouen*, 1780.

Essai sur l'Histoire générale des tribunaux des Peuples tant anciens que modernes, ou Dictionnaire Historique & Judicaire, contenant les Anecdotes piquantes & les Jugemens fameux des tribunaux de tous les temps & de toutes les nations, par M. des Essarts. 6 vol. in 8. *Paris*, 1778.

Essai Analytique sur les facultés de l'Ame, par Charles Bonnet, 2e. édition. 2 vol. in 8. *Geneve*, 1769.

Essai Historique sur la maniere de juger des hommes, par de Chevrier. in 12. *Paris*, 1753.

Essai sur le Caractere, les mœurs & l'Esprit des Femmes, dans les différens Siecles, par M. Thomas de l'Académie Françoise. in 12. *Amst*. 1772.

Essai de Montaigne, avec les Notes de Coste. 10 vol. in 12. *Londres*, 1771.

Essai sur les principes de la Philosophie Naturelle. in 12. *la Haye*, 1778.

Essai sur l'Electricité Naturelle & Artificielle, par le Comte de la Cepéde. 2 vol. in 8. *Paris*, 1781.

Essai, (Principe du Cultivateur où) sur la Culture des Champs, des Vignes, des Arbres, par Dom le Rouge de l'Abbaye Royale de Trisay Ordre de Cîteaux. 2 vol. in 12. *Fontenay*, 1773.

Essai sur le Minéralogie & Métallurgie, par le Marquis de Luchet. in 8. *Maestricht*, 1779.

Essai de feuilles Elémentaires pour apprendre le Latin sans Grammaire ni Dictionnaire, VIIe. édition. in 12. *Paris*, 1774.

Essai général de Tactique, précédé d'un Discours sur l'Etat actuel de la Politique & de la Science Militaire en Europe, avec le plan d'un ouvrage intitulé : *la France Politique & Militaire*. 2 vol. in 8. *Liege*, 1773.

Essai d'une Lithographie de M. Locin. in 8. *Drede*, 1777.

(48)

Essai de traduction en Vers du Roland Furieux de l'Ariofte. in 8. *Paris*, 1781.

Essai d'une méthode générale propre à étendre les connoiffances des Voyageurs, où recueil d'obfervations rélatives à l'Hiftoire, à la répartition des Impôts au Commerce, aux Sciences, aux Arts & à la Culture des Terres &c. par Munier. 2 vol. in 8. *Paris*, 1779.

Essai fur l'Hiftoire Générale, & fur les mœurs & l'Efprit des Nations, depuis Charlemagne jufqu'à nos jours. 7 vol. in 12. *Amft.* 1774.

Essai fur la derniere Révolution de l'ordre Civil en France. 3 vol. in 12. *Londres*, 1780.

Essais hiftoriques fur Paris de Saintfoix. 5 vol. in 12. *Londres*, 1765.

Essai fur l'Etat préfent Naturel, Civil & Politique de la Suiffe, où lettres adreffées à Guillaume Melmoth, par Guillaume Coxe, trad. de l'Anglois. 2 vol. in 8. *Londres*, 1781.

Essai fur le Commerce de la Ruffie, avec l'Hiftoire de fes découvertes. in 12. *Amft.* 1777.

Essai fur le Droit de Hambourg, touchant les faillites. in 12. *Paris*, 1781.

Essai fur l'Hiftoire Œconomique des Mers Occidentales de France, par M. Tiphaigne. in 8. *Paris*, 1740.

Essai fur l'Ifle d'Otahiti, fitué dans la Mer du Sud & fur l'efprit & les mœurs de ces habitans in 8. *Avignon*, 1779.

Essai (nouveaux) fur la Nobleffe, où après avoir recherché l'origine & l'état civil de l'homme Noble chez les peuples connus, on fe propofée de le guider dans les différens âges & emploi de la vie, par Barthés. in 4. *Neuchatel*, 1781.

Etat préfent des Indes Hollandaifes, contenant une Peinture vrai & fidéle du Gouvernement &c. in 8. *Batavia*.

Etat (de l') du fort des Colonies des anciens Peuples. in 8. *Philadelphie*, 1779.

Etat

Etat civil, politique, & commerçant du Bengale, où Hiftoire des conquêtes de l'adminiftration de la Compagnie Angloife dans ce pays, pour fervir de fuite à l'Hiftoire Philofophique & Politique. 2 vol. in 8. *Maeftricht*, 1778.

Etrennes (les) de la vertu. in 12. 1782.

Etrennes Spirituelles, pour aider & fanctifier cette année. in 12. *Paris*.

Etudes (cours d') des jeunes Demoifelles, ouvrage non moins utile aux jeunes gens de l'un & de l'autre fexe, & pouvant fervir de complément aux Etudes des Colléges, avec des cartes pour la Géographie, & des Planches en taille douce pour le Blafon, l'Aftronomie, la Phyfique, & l'Hiftoire Naturelle, par l'Abbé Fromageot. 8 vol. in 12. *Paris*, 1772.

Etudes (les) convenables aux Demoifelles, contenant la Grammaire, la Poëfie, la Rhétorique, le Commerce des Lettres &c. 2 vol. in 12. *Drefte*, 1775.

Evangile (l') analyfé felon l'Ordre Hiftorique de la Concorde, par Moduy. 8 vol. in 12. *Toulou-fe*, 1772.

Evangile médité & diftribué pour tous les jours de l'année, fuivant la Concorde des quatre Evangeliftes. 8 vol. in 12. *Paris*, 1777.

Evelina, où l'entrée d'une jeune perfonne dans le monde. in 12. 3 vol. *Paris*, 1779.

Eventeil, (l') Poëme en quatre Chants, par Milon de Liege. in 8. *Paris*, 1781.

Euchariftie (l') vangée, où l'adoration perpétuelle. in 12. *Liege*, 1779.

Europe (l') Françoife, par le Marquis de Caraccioli, Auteur de la Gayeté. in 12. *Liege*, 1777.

Examen & Réfolutions des principales difficultés, qui fe rencontrent dans la célébration de SS. Mifteres, par Collet Prêtre de la Congrégation de la Miffion. 3 vol. in 12. *Paris*, 1771.

Examen critique de la 2e. partie de la Confeffion,

de foi du VicaireSavoyard , par **M. A. J. R. Paſteur.**
in 8. *Londres* , 1776.

Examen de l'évidence intrinſeque du Chriſtianiſme , par Soame Jenyns , traduit de l'Anglois.
in 12. *Liege*, 1779.

Examen du Matérialiſme , où réfutation du ſyſtême
de la Nature , par M. Bergier Docteur en Théologie &c. 2 vol. *Paris* , 1772.

———— Le même. 2 vol. in 12. *Paris* , 1779.

Examen de la Queſtion Medico-Politique , ſur l'u-
ſage du Caſſé , par N. F. J. Eloy Conſeiller Médecin. in 8. *Mons.*

Examen impartial de pluſieurs Obſervations ſur la
Littérature , ouvrage où l'on fait l'Eloge de la
critique des Auteurs Latins & des Auteurs François , dont la lecture pourroit contribuer à former ,
où à dépraver le goût des jeunes gens. in 8.
Paris , 1779.

Exercice de Piété par la Communion , par le Pere
Griffet. in 12. *Paris* , 1766.

Exercice journalier pour les principales actions de
la vie Réligieuſe , à l'uſage des Réligieuſes de
la Congrégation de N. D. , & de toutes les perſonnes conſacrées à Dieu. in 12. *Paris* , 1779.

Exode (l') expliqué d'après les Textes primitifs ,
avec de réponſes aux difficultés des incrédules ,
dedié au Roi par l'Abbé du Contrant de la
Molette. 3 vol. in 12. *Paris*, 1780.

Expédition de Cyrus dans l'Aſie ſupérieure & la
retraite des dix mille , trad. du Grec par Lucher.
2 vol. in 12. *Paris* , 1778.

Explication abrégée des Coutumes & Cérémonies
obſervées chez les Romains , ouvrage écrit en
Latin par Nieuport. in 12. *Paris*, 1770.

Explication Littérale , Hiſtorique & Dogmatique
des Prieres & des Cérémonies de la Meſſe ,
ſuivant les anciens Auteurs , & les monumens de
toutes les Egliſes du monde Chrétien , par le R.

P. Pierre le Brun, nouv. édition 8 vol. in 8. *Paris*, 1777.

Explications, où Notes courtes & faciles sur le Catechisme, qui est en usage dans les Diocèses de Liege, de Cambrai & de Namur, avec un Catechisme sur les principales Fêtes & Solemnités de l'année, par P. J. Henry, IVe. édition. 2 vol. in 12. *Liege*, 1780.

Exposé, où Examen des opérations des Ministres en Angleterre, depuis le commencement de la guerre contre les Américains jusqu'ici, par le sieur Joly de St Valier. in 8. *Londres*, 1781.

Exposition de la Doctrine de l'Eglise Catholique, par Messire Benigne Bossuet. in 12. *Paris*, 1761.

Exposition de la Doctrine de l'Eglise Catholique sur les matieres controverses, par Messire Jaques Benigne Bossuet &c. in 12. *Liege*, 1777.

Exposition de la Doctrine Chrétienne, où instructions sur les principales vérités de la Réligion. 4 vol. in 12. *Paris*, 1767.

(a) Exposition des trois Etats du Pays & Comté de Flandres. in 8. 1711.

Esprit des livres défendus, où Antilogies Philofophiques, ouvrage dans lequel on à receuilli les morceaux les plus curieux, & les plus intéressant sur la Réligion, la Philofophie, les Sciences & les Arts, extrait des livres Philofophiques les plus modernes & les plus connus. 4 vol. in 12. *Amst.* 1778.

Examina Scripturistica in Psalterium Davidicum Cl. Psalmorum, quorum dilucidationes ac resolutiones compendiose ex SS. PP. nec non ex præcipuis S. Scripturæ interpretibus sunt desumptæ, authore R. P. F. Leonardo à S. Martino. *Gandavi*, 1769.

Epitome juris & Legum Romanorum frequentioris usus, juxta seriem Digestorum, cum brevissimis additionibus & notis, tam ex pragmaticis, quam ex usu forensi selectis. Accedit index locupletis-

fimus auctore D. Andrea Barriga D. de Mont-
valon. in 12. *Gandavi*, 1775.

Efpen (Zeg. Bernard. van) Opera Omnia. 5 vol.
in fol. *Coloniæ Agrippinæ* , 1777

Exercitia Mariana feu Officium parvum. in 12.

F.

Fables choifies , mifes en vers par M. de la Fon-
taine , avec un nouveau commentaire , par M.
Cofte. 2 vol. in 12. *Paris* , 1775.
——— Les mêmes. 4 vol. in 8. avec fig.
——— Les mêmes. 2 vol. in 12.

Fables (les) de Phèdre , affranchi d'Augufte , traduites en François & augmentées de huit Fables ,
qui ne font pas dans les éditions précédentes.
in 12. *Paris* , 1776.

Fables (les) Egyptiennes & Grecques , dévoilées
& réduites au même principe , avec une explication des Hiéroglyphes & de la Guerre de
Troye , par Dom Antoine-Jofeph Pernety , réli-
ligieux de la congrégation de St. Maur. 2 vol.
in 12. *Paris* , 1758.

Fables (vingt) en profe & en vers, tirées de l'Allemand & du François. in 8. *Berne* , 1780.

Fables de Leffing , avec des differtations traduites de l'Allemand par d'Antelmy. in 12. *Paris*.

Fables (trois cens) en Mufique , dans le goût de
la Fontaine. 6 vol. in 12. *Liege*.

Fabliaux , où Contes du XIIe. & du XIII. fiecles ,
traduits où extraits d'après divers manufcrits du
tems. 4 vol. in 8. *Paris* , 1779.

Famille (la) vertueufe , lettres traduites de l'Anglois. 4 vol. in 12. *Paris* , 1767.

Fantaifies , (mes) IIIe. édition. in 8. *la Haye*, 1770.

Farfalla , (la) où la Comédienne convertie , par
le R. P. Michel Ange Marin. 2 vol. in 12.
Avignon , 1762.

Favori (le) de la Fortune. 2 vol. in 12. *Amft.* 1780.

Faux Pierre III , (le) où la vie & les Avantures du rebelle Jemeljan Pugatfchew, d'après l'o-

riginale Ruffe, de M. F. S. G. W. D. B. in 8.
Londres, 1775.

Félicité (de la) publique, où confidérations fur
le fort des hommes dans les différents époques
de l'hiftoire. 2 vol. in 8. *Amft.* 1776.

Femme, (la bonne) par M. L. R. ancien Eche-
vin de la ville de B.... in 12. *Lille*, 1769.

Femme (la) malheureufe, où hiftoire d'Elife Wind-
ham. 2 vol. in 12. *Amft.* 1771.

Femmes (les) de Mérite, Hiftoires Françoifes 1759.

Finances, (fur les) ouvrage pofthume de Pierre
André ***, fils d'un bon Laboureur. in 8. *Londres*, 1775.

(a)Flandre (la) Illuftrée, par l'Inftitution de la Chambre du Roi à Lille, par de Seur. in 8. *Lille*, 1713.

Foibleffes (les) d'une jolie Femme, où Mémoires
de Madame de Villefranc, écrits par elle-même.
2 vol. in 12. *Amft.* 1779.

Fondemens (les) de la Foi, mis à la portée de toutes fortes de perfonnes, par M. Aimé, Chanoine
de l'Eglife d'Arras. 2 vol. in 12. *Paris*, 1775.

------ Le même. *Paris*, 1776.

------ Le même. 2 vol. in 12. *Paris*, 1778.

Fondemens (les) de la vie fpirituelle, tiré du livre
de l'Imitation de J. C., par le révérend P. Su-
rin de la Compagnie de Jefus. in 12. *Paris*, 1637.

Formation, (de la) des mœurs & de l'Efprit. in 12.
Paris, 1781.

Fragmens Généalogiques. 3 vol. in 12. *Geneve*, 1776.

Freres, (les) où hiftoire des Miff Ofmond, traduite de l'Anglois par M. Depuifieux. 3 vol.
in 12. *Amft.* 1767.

Fruit des mes Lectures, où penfées extraites des anciens profanes, rélative aux différents ordres de la
Société, accompagnées de quelques réflexions de
l'Auteur, par Dom Jamin, Réligieux Bénédictin.
in 12. *Paris*, 1776.

Fruits (les) de l'Automne, par M. M. ***. in 8.
Paris, 1781.

Fagnani (Profperi) commentaria ad Decretales. 3
vol. in folio. *Vefuntione* , 1740.

Forma Cleri fecundum exemplar quod Ecclefiæ ,
fanctifque Patribus a Chrifto Domino fummo.
facerdote monftratum eft. 3 vol. in 12. *Avenione* ,
1774.

Fritfchii Cancellarii Schwarzburgici opufcula varia
2 vol. in folio. *Norimbergae.* 1731.

Franfche (nieuwe) Spraek-Konft , door J. des Roches.
in 12. Antwerpen , 1780.

G.

Galanteries de la Cour de France , depuis le commencement de la Monarchie. in 12. *Cologne.*

Gallerie (la) des Femmes fortes , par le Pere
Moyne Jéfuite. in 12. *Paris* , 1767.

Gallerie des Portraits , où Portraits des Hommes Illuftres , qui ont paru depuis les Romains , tirés des plus célébres Auteurs François. in 12.
Paris , 1769.

Généalogies de Familles Nobles & anciennes des
XVII. Provinces des Pays-Bas , tant de celles
qui y réfident , ou y ont refidé , que de celles qui
en font originaires , & auffi de celles qui fe font
alliées avec elles , rangées par ordre alphabétique
année 1781.

Généalogies de quelques Familles des Pays-Bas.
in 8. *Amft.* 1774.

Géographie ancienne abrégée par d'Anville , nouv.
édition revue par l'Auteur. gr. in folio. papier
Royal. *Paris* , 1769.

Géographie de Bufching par M. Berenger. 9 vol.
in 8. *Laufanne* , 1781.

Géographie élémentaire , traité en forme d'entretiens par M. Henault. in 12. *Paris* , 1771.

Géographie élémentaire moderne & ancienne , contenant les principes de la Géographie , une defcription générale du Globe , & un détail parti-

culier de l'Europe , & de la France , par Buache de la Neuville. 2 vol. in 12. *Paris* , 1772.

Géographique (le manuel) contenant la description de tout le Pays du monde , leurs qualités , leur climat , le caractere de leurs habitants , &c. par l'Abbé Expilly. in 12. *Paris* , 1774.

Géographie moderne , précédé d'un petit traité de la Sphére & du Globe , ornée des traits d'Histoire Naturelle & Politique , terminée par une Géographie Sacrée , & une Géographie Ecclésiastique &c , par l'Abbé Nicole de la Croix. 2 vol. in 12. *Londres* , 1780.

Géographique , (nouvelle méthode) précédée d'un traité de la Sphére , & des Elémens de Géometrie , terminée par une Géographie Sacrée , par l'Abbé Compar. in 12. *Paris* , 1771.

Géographie Naturelle , historique , politique & raisonnée , suivi d'un traité de la Sphére , avec l'exposition des différens systêmes Astronomiques du monde , par Robert Professeur émérite de Philosophie. 3 vol. in 12. *Paris* , 1777.

Géographie de Virgile , où notice des lieux , dont il est parlé dans les ouvrages de ce Poëte , accompagnée d'une carte Géographique , par Helliez. in 12. *Paris* , 1771.

Géographie universelle , exposée dans les différentes méthodes qui peuvent abréger l'étude , & faciliter l'usage de cette Science , avec le secour des Vers artificiels , par le P. Buffier Jésuite. in 12. *Paris* , 1778.

Géometrie théorie - pratique , qui contient les premiers Elémens de figures les plus usitées dans les Mathématiques , tirés d'Euclides , d'Archimedes , & des autres Auteurs qui ont écrit depuis , par M. Parent Professeur de Mathématique. in 8. *Paris* , 1714.

Géorgiques (les) de Virgile , traduction nouvelle en vers François , enrichies de Notes par Delille Professeur III. édition. in 12. *Liege* , 1770.

Gnomonique (la) pratique, où l'art de tracer les Cadrans Solaires, avec la plus grande précision par les méthodes qui y font les plus propres, & le plus soigneusement choisies, en faveur principalement de ceux qui sont peu, où point versés dans les Mathématiques, par Dom François Bedos de Celles, IIe. édition. in 8. *Paris*, 1774.

Grammaire (la) Françoise & Italienne de Veneroni, nouv. édition, dans laquelle on a rétouché le style & taché de rendre le texte plus clair. in 8. *Lyon*, 1780.

Grammaire (le Maitre Italien, où) Françoise & Italienne de Veneroni, secretaire interpréte du Roi, augmentée de plusieurs régles très-nécessaires, publiées par Minazio, & Charles Placardi. in 12. *Lyon*, 1780.

Grammaire générale, où exposition raisonnée des Elémens nécessaires du Langage, pour servir de fondement à l'étude de toutes ces langues, par Beauzée. 2 vol. in 8. *Paris*, 1767.

Grammaire (Principe généraux & raisonné de la) Françoise, avec des observations sur l'Ortographe, les accents, la ponctuation, & la prononciation, & un abrégé des régles de la versification Françoise, par M. Restaut. in 12. *Paris*, 1773.

Grammaire (nouvelle & parfaite) Royale Françoise & Allemande. in 12. *Leipzig*, 1767.

(a) Grammaire pour apprendre le Flamand, contenant les principes généraux & raisonnés &c. in 12. *Brux.* 1757.

Grammaire Hollandoise & Françoise de Philippe la Grue. in 12. *Amst.* 1762.

Grammaire Angloise Françoise, par Miege & Boyer. in 12. *Paris*, 1777.

Grammaire à l'usage des Anglois qui veuillent apprendre François. *Londres*, 1782.

Grammaire (nouvelle) Angloise, par Laveri. in 12. *la Haye*, 1777.

Grandeur (la) de Dieu, dans les merveilles de la Nature, Poëme par Dulard de l'Académie de Marſeille. in 12. *Paris*, 1780.

Guerre, (ſeconde) Punique, Poëme de Silius Italicus, corrigé ſur quatre manuſcrits, & ſur la précieuſe édition de Pomponius donnée en 1471, par M. le Febvre de Villebrune. 3 vol. in 12. *Paris*, 1781.

Guide (le) de ceux qui veulent Bâtir, ouvrage dans lequel on donne les renſeignemens néceſſaires pour réuſſir dans cet Art, & prévenir les fraudes qui pourroient s'y gliſſer, par le Camus de Mezieres. 2 vol. in 8. *Paris*, 1781.

Guide (le) des jeunes Mathématiciens, où commentaire des leçons de Mécanique de l'Abbé de la Caille, par Paulian. in 8. *Paris*, 1772.

Guide (le) du Fermier, où inſtructions pour éléver, nourir, acheter, & vendre les bêtes à cornes, brébis, moutons &c. 2 vol. in 12. *Paris*, 1770.

Guide (le) du malade, ouvrage de Médecine, philoſophique & moral, par Demarque, Docteur. in 12. *Paris*, 1779.

Guide du corps des Marchands, & des Communautés des Arts & Métiers, tant de la ville & Fauxbourgs de Paris que du Royaume. in 12. *Paris*, 1766.

Guide (le) de Flandre & de Hollande. in 12. *Paris*, 1779.

(a) Guide fidele, où deſcription de la ville de Louvain. in 8. *Brux.*

(a) ----- où Deſcription du Brabant Wallon. *ibid.* in 8.

Graduale Romanum, juxta Miſſale ex Decreto Sacro-Sancti concilii Tridentini reſtitutum & Clementis VIII auctoritate recognitum, adjectis officiis noviſſimè editis ad exemplar Miſſalis Romani. in 12. *Leodii*, 1777.

Gregorii (s) Nazianzeni Archiepiſcopi Conſtan-

tinopolitani opera omnia quæ extant vel ejus no-
mine circumferuntur. in fol. *Parifiis*, 1778.

H.

Hafard (le) du coin du feu , dialogue moral , par
Crebillon fils. in 12. *Maeftricht*, 1779.

Henriade, (la) nouv. édition. 2 vol. in 8. avec
fig. *Paris*.

----- La même, avec la differtation fur la mort d'Henri
IV , par de Voltaire. in 12. 1779.

----- La même, avec la réponfe de M. B. ***., redigée
par M. D.. de C... in 12. *Berlin*, 1780.

Héro & Léandre , Poëme de Mufe, on y a joint
la traduction de plufieurs idylles de Théocrite,
par M. M. ***. C. **. in 8. avec fig. *Paris*,
1774.

------- Le même. in 12. *Paris*, 1775.

Héroïde Armide à Renaue, par Colardo. in 8. *Londres*, 1770.

Heures, contenant l'office de l'Eglife. in 12. *Liége*.

Heures Imprimées par l'ordre de Monfeigneur le
Cardinal de Noailles. in 12. *Paris*, 1765.

Heures, (nouvelles) dédiées aux ames dévotes.
in 12. *Gand*, 1760.

Heures nouvelles dédiées aux Dames de S. C. I.
R. en Latin & François. in 12. *Paris*, 1777.

Hilaire par un Métaphyficien. *Amft.* 1767.

Hiftoire générale des Voyages, ou nouvelle Collection de toutes les rélations de Voyages , par mer
& par terre, enrichis des cartes geographiques &
des figures. 76 vol. in 12. *Paris*, 1751.

Hiftoire d'un Voyage aux îles Malovines, fait en
1763 & 1764, avec des obfervations fur le droi
de Magellan & fur les putagons, par Dom Per-
netty, nouv. édition. 2 vol. in 8. *Paris*, 1770.

Hiftoire (Introduction à l') moderne , générale
& politique de l'univers, commencée par le Baron de Pufendorff, augmentée par M. Bruzen de
la Martiniere, nouv. édition. 8 vol. in 4. *Paris*, 1753

Hiſtoire (diſcours ſur l') univerſelle , pour expliquer la ſuite de la Réligion , & les changemens
des Empires , depuis le commencement du monde juſqu'à l'Empire de Charlemagne , par Meſſire Benigne Boſſuet &c. 4 vol. in 12. *Amſt.* 1755.

Hiſtoire univerſelle de Juſtin , extraite de Trogue-
Pompée , traduite ſur les textes Latins les plus
corrects, par l'Abbé Paul. 2 vol. in 12. *Paris* , 1774.

Hiſtoire univerſelle , depuis le commencement du
monde juſqu'à préſent , compoſée en Anglois
par une ſociété de gens de Lettres, & nouvellement
traduit en François par une ſociété de gens de
Lettres , enrichie de figures & de cartes. 60 vol.
in 8. *Paris* , 1780.

Hiſtoire (l') véritable des temps fabuleux , confir-
mée par les critiques qu'on en à faites , par l'Abbé
Ch***. in 8. *Paris* , 1779.

Hiſtoire (l') du vieux & du nouveau Teſtament,
avec des explications édifiantes tirées des Sts
Peres , pour régler les mœurs dans toutes ſortes
des conditions , par le ſieur de Royaumont Prieur
de Sombreval. in 12. *Paris* , 1766.

Hiſtoire & Concorde des quatres Évangéliſtes , contenant ſelon l'ordre de temps, la Vie & les inſtructions de N. S. Jeſus-Chriſt. *Liége* , 1700.

Hiſtoire de l'Egliſe dédiée au Roi par l'Abbé de
Berault-Bercaſtel, Chanoine de l'Egliſe de Noyon,
contenant l'eſpace de temps écoulé depuis l'établiſſement de l'Egliſe juſqu'à la fin de la cinquième
perſécution , en 211. 18 vol. in 12. *Paris* , 1778.

Hiſtoire Eccléſiaſtique par Fleury Confeſſeur du
Roi. 40 vol. in 12. *Paris* , 1758.

——— La même Hiſtoire. 25 vol. in 4. *Avignon* , 1777.

(a) Hiſtoire du Concile de Trente, par du Pin. 2 vol.
in 8. *Brux.* 1721.

(a) Hiſtoire de la Vie du Pape Sixte V. , par Leti.
2 vol. in 8. fig. *Brux.* 1717.

Hiſtoire des Chevaliers Hoſpitaliers de S. Jean de

Jérufalem, appellés depuis Chevaliers de Rhodes, & aujourd'hui Chevaliers de Malthe, par l'Abbé de Vertot, nouv. édition augmentée des Statuts de l'Ordre, & des noms des Chevaliers. 7 vol. in 12. 1772.

—— La même. en 5 vol. in 12. *Paris*, 1780.

Hiftoire de l'abolition de l'Ordre des Templiers. in 12. *Paris*, 1779.

Hiftoire de l'Ordre du St. Efprit, par M. de Sainfoix. in 12. *Francfort*, 1775.

Hiftoire de l'établiffement des Moines mendiants. in 12. *Avignon*, 1767.

Hiftoire du Cardinal de Polignac, par le Pere Chrifoftome Faucher, Réligieux de St. François, Auteur de l'Hiftoire de Photius. 2 vol. in 12. *Paris*, 1777.

Hiftoire des Péruques, par M. J. B. Thiers, Docteur en théologie, Curé de Champrond. in 12. *Avignon*, 1777.

Hiftoire des différens peuples du monde, contenant les cérémonies Réligieufes & civiles, l'origine des Réligions, leurs fectes & fuperftitions, & les mœurs & ufages de chaque nation, par M. Coutant d'Orville. 6 vol. in 8. *Paris*, 1772.

Hiftoire des variations des Eglifes Proteftantes, défenfe de cette Hiftoire, avertiffemens aux Proteftans, & inftructions Paftorales fur les promeffes de J. C., par Meffire Jacques-Benigne Boffuet &c. 5 vol. in 12. *Paris*, 1772,

Hiftoire générale des Dogmes & opinions Philofophiques, depuis les plus anciens temps jufqu'à nos jours. 3 vol. in 8. *Londres*, 1769.

Hiftoire Philofophique de la Réligion. 2 vol. in 8. *Liege*, 1779.

Hiftoire (abregé de l') du Janfenifme & remarque de l'Ordonnance de M. l'Archevêque de Paris. in 12. *Cologne*, 1698.

Hiftoire de Jofeph, nouvelle traduction faite fur

le Gree , par le R. P. Gillet. 4 vol. in 4. *Paris* , 1756.

Hiſtoire générale de la Gréce , contenant l'origine , les progrès , & la décadence des Loix , des Sciences , des Arts , des Lettres , de la Philoſophie &c. par Couſin Deſpréaux de l'Académie de Sciences. 4 vol. in 12. *Rouen* , 1780.

Hiſtoire des Juifs & des peuples voiſins , depuis la décadence des royaumes d'Iſraël & de Juda juſqu'à la mort de J. C. , par M. Prideaux traduite de l'Anglois. 7 vol. in 12. *Paris* , 1726.

Hiſtoires (les) de Saluſtes , traduites en François avec le Latin revu & corrigé. IIe. édition. in 12. *Paris* , 1775.

Hiſtoire des deux Triumvirats , depuis la mort de Catilina juſqu'à celle de Céſar , depuis celle de Céſar juſqu'à ſcelle de Brutus , depuis celle de Brutus juſqu'à celle d'Antoine , augmentée de celle d'Auguſte , par Larrey. 4 vol. in 12. *Trévoux* , 1740.

Hiſtoire ancienne des Egyptiens , des Carthaginois , des Aſſyriens , des Babyloniens , des Médes & des Perſes , des Macédoniens , des Grecs , &c , par Rollin. 14 vol. in 12. *Paris* , 1769.

Hiſtoire moderne de Chinois , des Japonois , des Indiens , des Perſans , des Arabes , des Turcs , des Grecs , des Afriquains , des Ruſſiens , & des Amériquains , pour ſervir de ſuite à l'Hiſtoire ancienne de Rollin , par l'Abbé de Marcy. 30 vol. in 12. *Paris* , 1780.

—— La même en 21 vol. auſſi complette que celle en 30. *Paris* , 1775.

Hiſtoire Romaine , depuis la fondation de Rome juſqu'à la bataille d'Actium , par Rollin. 16 vol. in 12. *Paris* , 1769.

Hiſtoire des Empereurs Romains , depuis Auguſte , juſqu'à Conſtantin , par M. Crevier. 12 vol. in 12. *Paris* , 1775.

Hiſtoire Romaine de Tite-Live , traduite en François, avec le Supplément de Freinshemius. 10 vol. in 12. *Paris*, 1770.

Hiftoire abrégée des Empereurs Romains & Grecs, des Impératrices, des Céfars, des Tyrans & des perfonnes de familles Impériales, pour lefquelles on à frappé des médailles, depuis Pompé jufqu'à la prife de Conftantinople par les Turcs, fous Conftantin XIV., dernier Empereur Grec, par M. Beauvais de l'Académie de Cortone. 3 vol. in 12. *Paris*, 1767.

Hiftoire des Révolutions arrivées dans le gouvernement de la République Romaine, par l'Abbé de Vertot, nouvelle édition. 2 vol. in 12. *Lille*, 1780.

-------- La même, vraie édition de Paris. 3 vol. in 12.

-------- La même, par Linguet. 2 vol. in 12.

Hiftoire du grand Duché de Tofcane, fous le Gouvernement des Médicis, traduite de l'Italien de M. Riguecio Galluzzy. 2 vol. in 12. *Paris*, 1782.

Hiftoire du Bas-Empire, en commençant à Conftantin le Grand par M. le Beau, continuée par M. Ameilhon. 22 vol. in 12. *Paris*, 1781.

Hiftoire de l'Empire d'Allemagne, & principalement de fes révolutions, depuis fon établiffement par Charlemagne jufqu'à nos jours &c. 8 vol. *Paris*, 1771.

Hiftoire (Effai fur l') de la Maifon d'Autriche, par le Comte de G***, depuis l'élévation de l'Empereur Rodolphe I en 1273 jufqu'en 1581. 6 vol. in 12. *Paris*, 1778.

Hiftoire du Prince Eugene de Savoye, enrichie des figures en taille douce. 5 vol. in 12. *Vienne*, 1777.

Hiftoire (l') du regne de l'Empereur Charles-Quint, précédée d'un tableau des progrès de la fociété en Europe, depuis la deftruction de l'Empire Romain jufqu'au commencement du fixième fiécle, par Robertfon, ouvrage traduit de l'Anglois. 6 vol. in 12. *Amft.* 1775.

Hiftoire du regne de Philippe II, Roi d'Efpagne,

par Watson, ouvrage traduit de l'Anglois. 4 vol. in 12. *Amst.* 1778.

(a) Histoire du Comté de Namur, publiée en 1754 par le P. Jean Baptiste de Marne, augmentée de la vie de l'Auteur, d'une Liste Chronologique des Comtes de Namur &c, par J. N. Paquot. 2 vol. in 8. *Brux.* 1781.

Histoire des Guerres de Flandres, par le Cardinal Bentivoglio. 4 vol. in 12. *Paris,* 1770.

Histoire des Révolutions des Pays-Bas, depuis l'an 1559, jusqu'à l'an 1584. *Brux.* 1763.

Histoire Métallique des Pays-Bas, par van Loon. 5 vol. in fol. fig. *la Haye,* 1732.

Histoire Chronologiques des Evêques, & du Chapitre exempt de l'Eglise Cathédrale de S. Bavon à Gand, suivie d'un recueil des Epitaphes modernes & anciennes de cet Eglise. in 8. *Gand,* 1772.

(a) Histoire du S. Sacrement de Miracle de Bruxelles, avec les solemnitez faites à l'occasion du Jubilé de 1720 & 1735. fig. in fol. *Brux.*

Histoire Militaire du Duc de Luxembourg par le Chevalier de Beaurain, nouv. édition. 2 vol. in 4. *la Haye,* 1756.

Histoire de France, depuis l'établissement de la monarchie jusqu'au regne de Louis XIV, par Velly, Villaret & Garnier &c. 28 vol. in 12. *Paris,* 1781.

Historie de France, sous le regne de Louis XI, commencée par Villaret & achevée par Garnier. 2 vol. in 12. *Paris,* 1777.

Histoire du Patriotisme François, où nouvelle Histoire de France, par Rosel Avocat. in 12. 6 vol. *Paris,* 1769.

Histoire des modes Françoises, où révolution des Coutumes en France, depuis l'établissement de la monarchie jusqu'à nos jours. in 12. *Amst.* 1773.

Histoire Littéraire des Femmes Françoises, où lettres historiques & critiques, contenant un précis de

la vie , & une analyſe raiſonnée des ouvrages
des femmes, qui ſe ſont diſtinguées dans la Littérature Françoiſe, par une Société de gens de
Lettres. 6 vol. in 8. *Paris*, 1769.

Hiſtoire de la Rivalité de la France & de l'Angleterre, par Gaillard de l'Académie Françoiſe.
11 vol. in 12. *Paris*, 1771.

Hiſtoire Littéraire des Troubadours, contenant leurs
vies, les extraits de leurs piéces, & pluſieurs
particularités ſur les mœurs, les uſages & l'Hiſtoire du XIIe. & XIIIe. ſiecles. 3 vol. in 12.
Paris, 1774.

Hiſtoire de Jeanne d'Arc, ditte la Pucelle d'Orléans ,
par l'Abbé Lenglet du Freſnoy. 3 vol. in 12.
Amſt. 1775.

Hiſtoire de St. Louis Roi de France , par de
Bury. 2 vol. in 12. *Paris*, 1775.

Hiſtoire de la Reine Marguerite de Valois, Ie.
Femme du Roi Henri IV, par Mougez. in 8.
Paris, 1777.

Hiſtoire du Procès du Chancelier Poyet, pour ſervir à celle du regne de François I. Roi de France,
avec un chapitre préliminaire ſur l'antiquité & la
dignité de l'office deChancelier & ſur les viciſſitudes
qu'il à éprouvées, par l'Hiſtoriographe ſans gages
& ſans prétentions. in 8. *Londres*, 1775.

Hiſtoire, où ſiecle de Louis XV, par de Voltaire.
2 vol. in 12. 1770.

Hiſtoire de Paris, & deſcription de ſes plus beaux
monumens, deſſinés & graves en taille douce,
par F. N. Martinet. 2 vol. in 4. *Paris*, 1781.

Hiſtoire de l'Univerſité de Paris, depuis ſon origine juſqu'en l'année 1600, par Crevier Profeſſeur
Emérite. 7 vol. in 12. *Paris*, 1761.

Hiſtoire d'Angleterre, contenant les Maiſons de
Stuart, de Tudor & Plantagenet, par Hume,
traduit de l'Anglois, par Mad. B***. 18 vol.
in 12. *Amſt.* 1763.

Hiſtoire d'Irlande, depuis l'invaſion d'Henri II,
avec

avec un difcours préliminaire fur l'ancien état de
ce Royaume, par Thomas Leland, Docteur en
Théologie &c. 7 vol. in 12. *Maeftricht*, 1779.

(a) Hiftoire de Danemarc par de Roches. 7 vol. in 12.
Amft. 1740.

Hiftoire de la derniere Révolution de Suéde, précédée d'une analyfe de l'Hiftoire de ce Pays, pour dé-
velopper les vraies caufes de cet Evénement, par
Jacques le Scène Defmaifons. in 12. *Paris*, 1781.

Hiftoire des Roys & du Royaume de Pologne &
du grand Duché de Lituanie, depuis la fondation de la monarchie jufqu'à préfent. 2 vol.
in 12. *Amft.* 1699.

Hiftoire de Ruffie, tirée des Chroniques originales,
de piéces authentiques, & des meilleurs Hiftoriens de la nation, par Levefque. 5 vol. in 8.
Paris, 1782.

Hiftoire de l'Empire de Ruffie fous Pierre le Grand,
par l'Auteur de l'Hiftoire de Charles XII. in 12.
2 vol. 1761.

Hiftoire de la Guerre des Ruffes & des Impériaux
contre les Turcs, en 1736, 1737, 1738, & 1739,
& de la Paix de Belgrade qui la termina, avec
les Cartes & plans néceffaires, par Keralio. 2 vol.
in 8. *Paris*, 1780.

———— La même. 2 vol. in 12. *Paris*, 1777.

Hiftoire de l'Amérique, par Guillaume Robertfon, traduite de l'Anglois par M. E... 4 vol. in 12.
Maeftricht, 1778.

———— La même Hiftoire. 4 vol. in 12. Paris,
1780.

Hiftoire générale de l'Amérique, depuis fa découverte ; qui comprend l'Hiftoire Naturelle, Eccle-
fiaftique, Militaire, Morale & Civile des contrées de cette grande partie du monde, par le
R. P. Touron, de l'Ordre des Freres Prêcheurs. 12.
vol. in 12. *Paris*, 1768.

Hiftoire Civile & Naturelle du Royaume de Siam,
& des révolutions qui ont boulverfé cet Empire

juſqu'en 1770, publiée par **M. Turpin**. 2 vol. in 12. *Paris*, 1771.

Hiſtoire Philoſophique, (Supplément à l') & Politique des établiſſemens & du Commerce des Européens dans les deux Indes. 3 vol. in 8. *Maeſtricht*, 1781.

Hiſtoire de la Perſécution intentée en 1775 aux Francs-Maçons de Naples, ſuivie des piéces juſtificatives. in 8. avec fig. *Londres*, 1780.

Hiſtoire de l'Empire Ottoman, depuis ſon origine juſqu'à la Paix de Belgrade en 1740, par Mignot, Abbé de Scellieres. 4 vol. in 12. *Paris*, 1773.

Hiſtoire de l'Alcoran, où l'on découvre le ſyſtême politique & réligieux du faux Prophète, & les ſources, où il a puiſé ſa Légiſlation, par **M. Turpin**. 2 vol. in 12. *Londres*, 1775.

Hiſtoire de Perſe, depuis le commencement de ce fiecle. 3 vol. in 12. *Paris*, 1750.

Hiſtoire Naturelle, Civile & Politique du Tonquin, par l'Abbé Richard. 2 vol. in 12. *Paris*, 1778.

Hiſtoire des nouvelles Découvertes faites dans la Mer du Sud en 1767, 1768, 1769 & 1770, rédigée d'après les derniers rélations, par de Fréville, accompagnée d'une carte dreſſée par de Vaugondy. 2 vol. in 8. *Paris*, 1774.

Hiſtoire du Droit Canon, pour ſervir d'introduction à l'étude du Droit Canonique, par M. Durant Co. Seigneur de Maillane. in 12. *Lyon*, 1770.

Hiſtoire de l'Aſtronomie moderne, depuis la fondation de l'école d'Alexandrie juſqu'à l'époque de 1730, par Bailly. 2 vol. in 4. *Paris*, 1779.

Hiſtoire Naturelle de Pline, traduite en François, avec le Texte Latin, rétabli d'après les meilleures leçons Manuſcrites. 11 vol. in 4. *Paris*, 1772.

Hiſtoire Naturelle générale & particuliere par le Comte de Buffon, Intendant du Jardin & du Cabinet du Roi. 16 vol. in 4. avec fig. *Paris*, 1776.

——— La même. 39 vol. in 12. avec fig.

Hiſtoire générale & Economique des trois Regnes
de la Nature , par Buchoz Médecin. in 8. *Paris* , 1777.

Hiſtoire abrégée des Inſectes , dans laquelle ces animaux font rangées fuivant un ordre méthodique ,
par Geoffroy. 2 vol. in 4. *Paris* , 1764.

Hiſtoire de la Chirurgie , depuis fon origine juſqu'à nos jours , par Peyrilhe. 2 vol. in 4. *Paris* ,
1780.

Hiſtoire Poëtique , où abrégé de l'Hiſtoire des Dieux ,
& des Héros de la Fable , par le R. P. Jouvenci.
trad. du Latin en François. in 12. *Paris*.

Hiſtoire Poëtique , tirée des Poëtes François ,
avec un Dictionnaire Poëtique , III édition in 12.
Paris , 1777.

Hiſtoire (nouvelle) Poëtique , & deux traités
abrégés l'un de la Poëſie , l'autre de l'Eloquence ,
compoſée à l'uſage des Meſdames. 3 vol. in 12.
Paris , 1751.

Hiſtoire véritable des temps Fabuleux , ouvrage
qui en dévoilant le vrai , que les Hiſtoires Fabu-
leuſes ont travefti où altéré , fert à éclaircir
les Antiquités des peuples , & fur tout à venger
l'Hiſtoire Sainte. 3 vol. in 8. *Paris* , 1777.

Hiſtoire de l'admirable & incomparable Dom Qui-
chotte de la Manche , avec fig. 4 vol. in 12. *Paris* , 1777.

Hiſtoire (l') de Guzman d'Alfarache , traduite par
le Sage , & purgée des moralités fuperflues. 4
vol. in 12. *Amſt.* 1777.

Hiſtoire d'Hypolite Comte de Duglas , par Mdme.
d'Aulnoy. 2 vol. in 12. *Lille* , 1779.

Hiſtoire de Gil Blas de Santillane , par le Sage avec
figures. 4 vol. in 12. *Paris* , 1781.

Hiſtoire & Aventures de Sir Williams Pickle , traduit de l'Anglois. 4 vol. in 12 *Amſt.* 1753.

Hiſtoire de Milady Julie Mandiville , traduite de
l'Anglois. 2 vol. in 12. *Amſt.* 1764.

E 2

Hiftoire de Cyrus, par Mdme. Dacier. 2 vol. in 12 *Paris*, 1777.

Hiftoire de M. le Marquis de Creffy, traduite de l'Anglois par Md. de ***. in 12. *Amft.* 1758.

Hiftoire du Chevalier du Soleil, de fon frere Roficlaire & de leurs defcendans. 2 vol. in 12. *Amft.* 1780.

Hiftoires Amoureufes des Gaules, par le Comte de Buffi Rabutin. 4 vol. in 12. 1754.

------- Le méme. 6 vol. in 12. *Londres*, 1780.

(a) Hiftoire des Impofteurs Infignes, par de Rocoles. 2 vol. in 8. fig. *Brux.* 1728.

(a) Hiftoires des Favorites, par Made. de la Rocheguilhen. 2 vol. in 8. fig. *Amft.* 1703.

Hiftoire d'Emilie Montague, par l'Auteur de Julie Mandeville, traduit de l'Anglois. 4 vol. in 12. *Paris*, 1770.

Hiftoire & Paraboles du P. Bonaventure. in 12. *Paris*, 1779.

Hiftoire d'Élife, écrite par fon Amie, en partie imitée & traduite de l'Anglois par Mad. D. L. C. ***. in 12. *la Haye*, 1770.

Hiftoire du Chevalier des Grejux, & de Manon l'Efcaut, par l'Auteur de Cleveland. 4 vol. in 12. *Liége*, 1777.

Hiftoire (Lettres Angloifes où) de Miff Clariffe Harlove, nouvelle édition avec fig. 13 vol. in 12. *Paris*, 1766.

Hiftoire de Jean de Calais. *Liege*, 1759.

Hiftoire de la vertueufe Portugaife, où le modéle des Femmes Chrétiennes, dédie aux Rofieres de Salency, par l'Abbé Maydieu. in 12. *Paris*, 1779.

Hiftoire de Laurent Marcel, où l'Obfervateur fans préjugés. 4 vol. in 12. *Lille*, 1781.

Hochets (les) de ma Jeuneffe, par le Chevalier de Cubieres. 2 vol. in 8. avec fig. *Paris*, 1780.

Hollande (la) au XVIII fiecle, où nouvellesLettres, contenant des remarques, & des obfervations de cette Province &c. in 12. *la Haye*, 1779.

(69)

Homélies sur les Epîtres des Dimanches & des
Fêtes principales de l'année, par Thiebaut. 4 vol.
in 12. *Metz*, 1766.

Homme (de l') & de la Femme, confidérées Phy-
fiquement dans l'état du Mariage, par de Lignac.
3 vol. in 12. *Lille*, 1779.

Homme (l') de Lettres, par le P. Daniel Bartoli,
traduit de l'Italien par P. Delivoy, Barnabite.
3 vol. in 12. *Paris*, 1769.

Homme (l') Moral, où l'Homme confidéré tant
dans l'état de pure Nature, que dans la Société,
par P. Ch. Levefque. *Amft.* 1775.

Honny foit qui mal y penfe, où Hiftoire des Filles célébres du XVIIIe. fiecle. 3 vol. in 12.
Londres, 1780.

Horofcope fur la Naiffance de Mgneur. le Dauphin,
compofée par Maître Mathieu Laensbergh. in 8.
Liege, 1781.

Hymne du Soleil, fuivi de plufieurs morceaux
du même genre, par l'Abbé de Rayrac, Ve. édition. in 12. *Orléans*, 1780.

------ Le même. in 8. *Londres*, 1781.

Henriadus (Voltarii) libri decem, Latinis Verfi-
bus & Gallicis, adpofito duplici Poemate
quod accuratè femper ad verfum refpondet,
probè recognita & caftigata, auctore Calcio-
Cappavelle ex aulæ Palatiuæ Servitio. in 12. *Pa-*
rifiis, 1777.

(a) Hertogh Dux ad univerfum jus. in fol. *Lovan.*
1743.

Homeri quæ extant omnia Ilias, Odyffea, Batracho-
myomachia, Himni. in fol. *Aureliæ Allobrogum*, 1606.

(a) HiftoriæFlandricæSynopofis, ab anonymo fcriptore
Flandriæ Generofæ titulo, cum fcholiis G. Galo-
pini, editio nova cum Supplemento J. N. Paquot
in 4. *Brux.* 1781.

I.

Jardin (le) des Racines Grecques, mifes en vers

François , nouv. édition corrigée par M. ***.
in 12. *Paris*, 1774.

Jardiniere (la) de Vincennes , par Mdme.... 5 vol.
in 12. *Lille* , 1780.

Jardinier (le) Solitaire, où Dialogues entre un
Curieux & un Jardinier Solitaire , contenant la
méthode de faire & de cultiver un Jardin frui-
tier & potager , & plufieurs expériences nouvelles.
in 12. *Paris*, 1770.

Jardinier portatif, où la Culture des quatres Claffes
de Jardins , & de l'éducation des Fleurs. in 12.
Liége , 1774.

Jardinier (le) prévoyant , pour la préfente année.
in 12. *Paris*.

Idylles & Poëmes Champêtres , par Leonard.
in 8. *Paris*, 1782.

Idolatrie (l') de ce fiecle Philofophique , premiere
idole la paix perpétuelle , traduit de l'Allemand
in 8. *Mannheim* , 1779.

Idylles , par M. Berquin. 2 vol. in 12. *Paris* ,
1775.

Jeune (le) Infortuné , où Mémoire du Lord Kil-
marnoff. 2 vol. in 12. *Amft.* 1776.

Jérufalem délivrée Poëme du Taffe , nouv. traduction. 2 vol. in 8. avec fig. en taille douce. *Paris* , 1774.

------ Le même. 2 vol. *Rouen* , 1780.

Jeux (les) de la petite Thalie, où nouveau petits Dra-
mes Dialogues fur des proverbes , propres à
former les mœurs des Enfans , & des jeunes Perfonnes , depuis l'âge de 5 ans jufqu'à 20, par
de Moiffy. in 8. avec fig. *Paris* , 1769.

Iliade (l') & l'Odyffée d'Homere , par Mdme.
Dacier. 8 vol. in 12. *Paris*, 1756.

Iliade, (l') traduction nouvelle. 2 vol. in 12. *Paris* , 1776.

------- Le même. 3 vol. in 8. *Paris*, 1776.

Illuftres (les) Françoifes , Hiftoires véritables. 4 vol.
in 12. *Lille* , 1780.

Imitation (l') de Jesus-Chrift, traduction nouvelle par le R. P. de Gonnelieu, nouv. édition.
Paris, 1749.

Imitation (l') de Jesus-Chrift, traduction nouvelle par le R. P. de Gonnelieu, de la Compagnie de Jefus. in 12. *Paris*, 1769.

Immortalité (l') de l'Ame, où effai fur l'Excellence
de l'Homme, par M. B. ***. in 12. *Dijon*, 1781.

Incas, (les) où la deftruction du Pérou, par Marmontel. 2 vol. in 8. avec fig. *Paris*, 1777.

Infortunée (l') Sicilienne, où Mémoires & Avantures de la Comteffe Carini, par l'Auteur de la
nouvelle Marianne. 4 vol. in 12. *Paris*, 1742.

Ingénieur (le parfait) François, où la Fortification
offenfive & défenfive, contenant la conftruction,
l'attaque & la défence des places régulieres &
irrégulieres &c., par l'Abbé Deidier. nouv. édition.
in 4. *Paris*, 1757.

Inftitutes du droit Canonique, adoptées aux ufages
préfens d'Italie & de l'Eglife Gallicane, par les
explications qui mettent le Texte dans le plus
plus grand jour, & les lient aux principes de
la Jurifprudence Eccléfiaftique actuelle, par Durant de Maillane, Avocat en Parlement. 10 vol.
in 12. *Lyon*, 1770.

Inftitutes (nouvelle traduction des) de l'Empereur
Juftinien, avec des obfervations pour l'intelligence
du Texte, l'application du droit François au
droit Romain & la conférence de l'un avec l'autre,
par Claude Jofeph de Ferriere, Doyen de Doc-
teurs, régent de la faculté des droits de Paris,
&c. 7 vol. in 12. *Douay*, 1771.

Inftitutes au Droit Criminel, où principes généraux fur ces matieres, fur le droit Civil, Canonique
& la Jurifprudence du Royaume, par Pierre
François Mayart de Vouglans. 2 vol. in 4. *Paris*,
1768.

(a) Inftitutions du Droit Belgique, tant par rapport aux
dix-fept-Provinces qu'au Pays de Liége, &c. par
George de Ghewiet. 2 vol. in 8. *Brux.*

Inftitutions (les) au droit Légitime , où recueil de la Jurifprudence actuelle concernant la Légitime , & fupplément d'icelle , par Me. Pierre Rouffilhe , Bailli de Bouchatel. 2 vol. in 12. *Avignon* , 1770.

Inftitutions Politiques , ouvrage où l'on traite de la fociété civile , des loix , de la police , des finances , du commerce , des forces d'un état , & en général de tout ce qui à rapport au Gouvernement , par le Baron de Bielfeld. 4 vol. in 12. *Paris* , 1762.

----- Le même. 3 vol. in 8. avec fig. *Leyde* , 1768.

Inftitution au droit Eccléfiaftique , par l'Abbé Fleury , &c nouvelle édition augmentée des Notes confidérables , &c par Boucher d'Argis , Avocat au Parlement. 2 vol. in 12. *Paris* , 1771.

(a) Inftitutions de la Chambre des Comptes à Bruxelles , par le Baron le Roi. in 8. *Brux.* 1716.

Inftitution & établiffement de la Cour réformée du Pays & Comté de Hainaut , avec le ftyle & maniere de procéder en icelle. in 12. *Mons* , 1775.

Inftitutions Mathématiques , fervant d'introduction à un cours de Philofophie à l'ufage des Univerfités de France , par l'Abbé Sauri , IIe. édition. in 8. *Paris* , 1772.

Inftitutions de Géometrie , enrichies des Notes critiques & philofophiques fur la nature & les développemens de l'Efprit humain , par de la Chapelle. 2 vol. in 8. avec fig. *Paris* , 1765.

Inftructions générales en forme de Catéchifme de Meffire Charles - Joachim Colbert , Evêque de Montpellier , nouv. édition. 5 vol. in 12. *Rouen* , 1782.

Inftructions fur le Dimanche & les Fêtes en général , par P. C. Docteur de Sorbonne , nouv. édition. in 12. *Rouen* , 1781.

Inftructions fur les fonctions du Miniftere Paftorale , adreffées par Monfgr. l'Evêque Comte de Toul ,

(73)

Prince du St. Emp. au Clergé Séculier & Régulier
de fon Diocèfe. in 12. *Neuf Chateau*, 1772.

Inftructions pour la premiere Communion, par l'Abbé
Regnault. in 12. *Paris*, 1775.

Inftruction de la Jeuneffe en la piété Chrétienne,
par Charles Gobinet Docteur en Théologie. in 12.
Liege, 1771.

—— Le même. in 12. *Saint Malo*, 1777.

Inftructions familieres, dogmatiques & morales,
fur les quatres parties de la Doctrine Chrétienne,
par P. J. Henri Curé de Surice. 4 vol. in 12. *Rouen*,
1775.

Inftruction familiere fur l'Oraifon mentale. in 12.
Paris, 1777.

Inftruction Chrétienne des jeunes Filles, tirée pour
la plus grande partie du livre de l'inftruction de
la Jeuneffe, fait par Gobinet Prêtre, Docteur de
la maifon & fociété de Sorbonne. in 12. *Paris*,
1778.

Inftructions courtes & familieres fur le Symbole,
pour fervir de fuite aux inftructions courtes &
familieres de Meffire Jofeph Lambert, Prêtre &
Docteur en Théologie. 5 vol. in 12. *Paris*, 1741.

Inftructions en forme d'entretiens. in 12. *Paris*, 1771.

Inftructions d'un Pere à fes Enfans fur la nature
& fur la Réligion, par Abraham Trembley. 2 vol.
in 8. *Neuchatel*, 1779.

(a) Inftructions aux Étudians & à leurs Parens, par
Vander Walle. 3 vol. in 8. *Brux.* 1752.

Inftructions fur les Procédures Civiles & Criminelles
du Parlement, & autres juridictions qui en dépendent. in 12. *Paris*, 1768.

Inftructions fur les Egaremens de l'Efprit & du
Cœur Humain, où fur les vices capitaux & leurs
rémedes. in 12. *Paris*, 1779.

Inftructions fur l'Hiftoire de France & Romaine,
par le Ragois, Précepteur de Mgr. le Duc de Mai-
ne. 2 vol. in 12. *Brux.* 1773.

Inftructions adreffées par Sa Maj. l'Imp. de toutes

les Ruffies, à la commiffion établie pour travail-
ler à l'exécution du projet d'un nouveau Code
des Loix. in 12. *Petersbourg*, 1769.
———— Le même. in 12. *Laufanne*, 1769.
Inftruction (nouvelle) des Négocians, contenant
toutes les régles de l'Arithmétique par les frac-
tions, par M. C. in 12. *Paris*, 1780.
Inftruction des Négocians, tirée des ordonnances,
édits, déclarations, arrêts & des ufages reçus. in 12.
Blois, 1748.
Inftruction en forme d'entretien, fur les devoirs
des gens de la Campagne, qui veuillent revenir
à Dieu & fe fanctifier dans leur état, par l'Abbé
Collet, Prêtre de la Congrégation de la Miffion.
in 12. *Paris*, 1771.
Infuffifances (l') de la Réligion naturelle, éprouvée
par les vérités contenues dans les Livres de l'Ecriture Sainte, avec des differtations fur la Verfion de 70, fur la Vulgate, & fur le nouveau
Siftéme du P. Hardouin, & de l'Abbé de Villefroy,
par le R. P. Henri Griflet Prédicateur ordinaire
de Sa M. très-Chrétienne. 2 vol. in 12. *Liege*,
1770.
Introduction à la langue Latine, par la voie de
la traduction, VII édition. in 12. *Paris*, 1774.
Introduction à la connoiffance de l'Efprit Humain,
fuivie des réfléxions & maximes. in 12. *Paris*, 1781.
Introduction (nouvelle) à la Pratique, contenant
l'explication des termes de Pratique, de Droit &
de Coutumes, avec les Juridictions de France,
par Claude-Jofeph de Ferriere. 4 vol. in 12. *Paris*, 1764.
Intrigue (l') du Cabinet fous Henri IV & Louis
XIII terminée par la Fronde, par Anquetit,
Chanoine Régulier de la Congrégation de France.
4 vol. in 12. *Paris*, 1780.
Jocafte, Tragédie en cinq actes. in 8. *Paris*, 1781.
Jofeph, Poëme en neuf Chants, par Bitaubé. in 12.
Berlin, 1781.

Journée (la) du Chrétien fanctifiée par la Priere. in 12. *Paris*, 1780.

Journées amufantes dédiées au Roy par Md. de Gomez. 8 vol. in 12. *Amft.* 1776.

Journées (le Thévenon, où les) de la Montagne, par E. Bertrand, Confeiller Privé de la Cour de Pologne. in 12. *Neuchatel*, 1777.

Ifabelle, où la bonté récompenfée par l'Auteur de l'Homme Bienfaifant. in 12. *Paris*, 1781.

Ifaïe traduit en François, avec une explication tirée des SS. PP. & des Auteurs Eccléfiaftiques. *Paris*, 1779.

Itinéraire portatif, où Guide Hiftorique & Géographique du Voyageur dans les environs de Paris, à quarante lieux à la ronde. in 12. *Paris*, 1781.

Itinéraire des Routes les plus fréquentes, où Journal d'un Voyage aux principales Villes de l'Europe, par Dutens. in 12. *Paris*, 1777.

Julie Beufon, où l'Innocence opprimée, Hiftoire où l'on montre par des faits authentiques le danger des Paffions déréglées, & du refentiment des Femmes. 2 vol. in 12. *Paris*, 1780.

Jurifdiction Eccléfiaftique contentieufe, où théorie & pratique des Officialités & autres cours Eccléfiaftiques pour les Procédures Civiles, fuivant les nouvelles Loix du Royaume. 2 vol. in 4. *Paris*, 1769.

(a) Jurifprudence (la) des Pays-Bas Autrichiens, établie par les Arrêts du Grand Confeil de Sa M. Imp. & Apoftolique réfident à Malines, par Remis Albert de Laury &c. 2 vol. in 8. *Brux.* 1761.

Jurifprudence (la) du Grand Confeil, examinée dans les maximes du Royaume, ouvrage précieux contenant l'Hiftoire de l'Inquifition de France, celle de la Bulle in Cæna Domini. &c. 2 vol. in 8. *Avignon*, 1775.

Jurifprudences des Rentes, où Code des Rentiers, par de Beaumont. in 12. *Paris*, 1769.

Juſtice Criminelle de France, où l'on examine tout ce qui concerne les crimes & les peines en général & en particulier &c. par Jouffe. 4 vol. in 4. *Paris*, 1771.

Imitatione (de) Chriſti Libri quatuor. in 12. *Pariſiis.* 1756.

Inſtitutiones Theologicæ ad uſum Scholarum accommodatæ. 6 vol. in 12. *Lugduni*, 1780.

Inſtitutiones juris Canonici nova & ſingulari methodo contextæ. in 12. *Pariſiis.* 1773.

Inſtitutionum (nova) juris Civilis tractatio. in 12. *Pariſiis.* 1773.

Inſtitutiones juris Civilis ſcripti & non ſcripti, collectæ partim ex textu Juſtiniani, partim ex uſu Belgii, Opera Natalis Chamart J. U. D. & in univerſitate Lovanienſi nuper primarii Sacrorum Canonum Profeſſoris. in 12. *Lovanii.*

Inſtitutiones Philoſophicæ ſeu Elementa Logicæ & Metaphyſicæ, nova facilique methodo digeſta ; quibus ad Scientias Philoſophicas & Theologicas via ſternitur, ad uſum Studioſæ Juventutis accommodata. Auctore J. Mazeas. 3 vol. in 12. *Pariſiis*, 1757.

Jonſtoni (Joan) Hiſtoriæ Naturalis de Arboribus & Plantis Libri X. 6 vol. in folio, compris lHitoire Naturelle des Oiſeaux 1769.

K.

Kircheri (Athanas.) Archetypon Politicum. in 4. *Amſt.* 1672.

L.

Leçons élémentaires de Mécanique, où traité abrégé du mouvement & de l'Equilibre, par l'Abbé de la Caille, nouv. édition. in 8. *Paris*, 1764.

Leçons de Phyſique expérimentale, par l'Abbé Nollet. 6 vol. in 12. *Paris*, 1775.

Lectures pour les Enfans, où choix des petits

Contes également propres à les amuſer & à leur
faire aimer la Vertu. 4 vol. in 12. *Geneve*, 1780.
Légiſlation du Divorce. in 12. *Londres*, 1770.
Legs d'un Pere à ſes Filles, par feu Grégorij, tra-
duit de l'Anglois. in 12. *Londres*, 1781.
Lettres intéreſſantes du Pape Clément XIV Gan-
ganelli, ſuivie de diverſes Bulles, Brefs, & de
l'Oraiſon Funèbre du Pontif, prononcée à Fri-
bourg en Suiſſe, par un ancien Membre de la
Société de Jeſus. 4 vol. in 12. *Amſt.* 1776.
Lettres (les Provinciales, où) écrites par Louis
de Montalte, à un Provincial de ſes Amis &
aux RR. PP. Jéſuites, ſur la Morale de ces
Peres. in 12. 1766.
Lettre d'un Provincial à un de ſes Amis ſur le
Célibat Eccléſiaſtique. in 8. *Londres*, 1778.
Lettres d'un Réligieux à ſon Supérieur - Général
ſur la Réforme des CommunautésRéligieuſes. in 12.
1768.
Lettres de deux Curés des Cévenes, ſur la Vali-
dité des Mariages des Proteſtans, & ſur leur
exiſtence Légale en France. 2 vol. in 8. *Londres*,
1779.
Lettres d'un Eccléſiaſtique & de ſa Fille, écrites
de la Campagne à ſon Fils à Londres, traduite
de l'Anglois ſur la troiſième édition. *Paris*, 1778.
Lettres de M.... a une ſeule perſonne touchant
les Lettres de M...a différentes perſonnes, ſur
les Finances, les Subſiſtances, les Corvées, la
Réligion, le Clergé Séculier, les Communautés
Réligieuſes &c. On y à joint une Lettre à l'Abbé
de la Chapelle. in 12. *Paris*, 1778.
Lettre ſur l'origine de l'Imprimerie, ſervant de
Réponſe aux obſervations publiées par Fournier
le jeune ſur l'ouvrage de M. Schoepflin, intitulé
Vindiciæ Typographicæ. in 8. *Strasbourg*, 1761.
Lettres de Cicéron à Atticus, avec des remarques
& le Texte Latin de l'édition de Grævius, par

l'Abbé Mongault, nouv. édition. 4 vol. in 12. *Paris*, 1775.

Lettres de Cicéron, qu'on nomme vulgairement Familieres, traduites en François sur les éditions de Grævius & de l'Abbé d'Olivet. 5 vol. in 12. *Paris*, 1745.

Lettres de Pline le jeune. 2 vol. in 12. *Paris*, 1760.

Lettres d'un Lecteur du journal François & de l'année Littéraire à Marmontel. in 8. *Paris*.

Lettres de M. l'Abbé De *** ex Professeur en Hébreu en l'université De ***, au sieur Keunicott Anglois. in 8. *Paris*, 1771.

Lettre du Secrétaire de l'Académie Impérial & Royale des Sciences & Belles-Lettres de Bruxelle à l'Abbé de Bye. in 8. *Brux.* 1780.

Lettres Edifiantes & Curieuses, écrites des Missions étrangeres. 24 vol. in 12. *Paris*, 1780.

Lettres Persanes augmentées par l'Auteur de plusieurs Lettres & d'une table de matiere. in 12. *Amst.* 1761.

Lettres d'un Persan en Angleterre à son Ami à Ispahan, où nouvelles Lettres Persannes, où l'on trouve la continuation de l'Histoire des Troglodites, commencé par de Montesquieu. in 12. *Londres*, 1770.

Lettres Chinoises, Indiennes & Tartares à M. Paw, par un Bénédictin, avec plusieurs autres piéces intéressantes. in 8. *Paris*, 1776.

Lettres Chinoises, où correspondances Philosophique, Historique & Critique, entre un Chinois Voyageur & ses correspondans à la Chine, en Moscovie, en Perse, & au Japon. 6 vol. in 12. *la Haye*, 1769.

Lettres Cabalistiques, où correspondances Philosophique, Historique & Critique, entre deux Cabalistes, divers Esprits élémentaires, & le Seigneur Astaroth. 7 vol. in 12. *la Haye*, 1769.

Lettres Juives, où correspondance Philosophique, Historique & Critique, entre un Juif Voyageur

en différens états de l'Europe & fes correfpon-
dans en divers endroit. 8 vol. in 12. *la Have*, 1777.
Lettres Afriquaines, où Hiftoire de Phéduna &
d'Abenfar, par Butini. *Londres*, 1771.
Lettres d'un Voyageur Anglois, par Scherlock. 2
vol. in 8. *Londres*, 1780.
Lettres Angloifes, contenant les Arts & les Sciences. in 12. *Leypfig*, 1780.
Lettres familieres du Préfident de Montefquieu,
Baron de la Bréde, & les divers Amis d'Italie. *Rome*, 1767.
Lettres de deux Amans habitans d'une petite Ville
au pied des Alpes, recueillies & publiées par
J. J. Rouffeau, nouv. édition augmentée avec fig.
6 vol. in 12. *Amft.* 1777.
Lettres nouvelles de J. J. Rouffeau fur le motif
de fa rétraite à la Campagne, adreffées à M. de
Malesherbes, & qui paroiffoit pour la premiere fois,
fuivies d'une rélation des derniers momens dece
grand homme. in 8. *Geneve*, 1780.
Lettres de M. d'Alembert à J. J. Rouffeau, fur
l'article Genevre tiré du VIIe. volume de l'Encyclopédie. in 12. *Amft.* 175 .
Lettres de quelques Juifs Portugais & Allemans
à M. de Voltaire, avec des réfléxions critiques
& un petit Commentaire extrait d'un plus grand.
IIIe. édition. 2 vol. in 8. *Paris*, 1772.
———— Le même. 4 vol. in 12. *Paris*, 1776.
Lettre (Premiere) à M. de Voltaire, où l'on examine fa Politique Littéraire & l'influence qu'il a
eu fur l'Efprit, le gout & les mœurs de fon
fiécle, par Clément. 3 vol. in 8. *Paris*, 1773.
Letrres de M. de Voltaire à M. l'Abbé Mouffinot
fon Tréforier, écrites depuis 1736 jufqu'à 1742,
pendant fa rétraite à Circy chez Md. la Marquife
du Chatelet, & dans lefquelles on voit quelques
détails de fa fortune, de fes bienfaits, quelles
furent alors fes études, fes querelles avec des
Fontaines &c. in 8. *Paris*, 1781.

Lettres fur l'Atlantide de Platon & fur l'ancienne Hiſtoire de l'Aſie, pour fervir de fuite aux Lettres fur l'origine des Sciences, adreſſées à M. de Voltaire, par Bailly. in 8. *Paris*, 1779.

Lettres fur l'origine des Sciences, & fur celle des peuples de l'Aſie, adreſſées à M. de Voltaire, par Bailly & précédées de quelques lettres de M. de Voltaire à l'Auteur. in 8. *Paris*, 1777.

Lettres de M ****. à M. S. B. au fujet des troubles qui agittent actuellement toute l'Amérique Septentrionale. in 8. *la Hayé*, 1776.

Lettres (Receuil des) de Madame la Marquiſe de Sévigné, à Madame la Comteſſe de Grignan ſa Fille. 8 vol. in 12. *Paris*, 1775.

------- Les mêmes, en 10 vol. in 12. 1780.

Lettres de Mad. de Sévigné, où Comte de Buſſy-Rabutin tirées du recueil de lettres de ce dernier, pour fervir de fuite au recueil de lettres de Mdme. de Sévigné, à Mdme. de Grignan ſa Fille. in 12. *Amſt.* 1775.

Lettres de Ninon de Lenclos au Marquis de Sévigné, avec ſa Vie, par M. B. 3 vol. in 12. *Amſt.* 1776.

Lettres de Mdme la Comteſſe du Barry, avec celles des Princes, Seigneurs, Miniſtres, & autres qui lui ont écrit, & qu'on à pu receuillir, on y a joint une grande quantité des Notes amuſantes & inſtructives &c. in 12. 1779.

Lettres de Madame la Comteſſe de la Rivierre à Madame la Baronne de Neufpont ſon Amie, contenant les principaux événemens de ſa Vie, de celle de ſes Enfans & de quelqu'un de ſes Parens, avec beaucoup des Anecdotes du Regne de Louis XIV depuis l'année 1686 juſqu'en l'année 1712. 3 vol. in 12. *Paris*, 1776.

Lettres de Madame de Maintenon, contenant des Lettres à différentes Perſonnes, celles à M. d'Aubigné & celles à M. & à Me. de Villette. 16 vol. in 12, compris les Mémoires. *Maeſtricht*, 1778.

Lettre

Lettre de M. le Chevalier de Boufflers, pendant son voyage en Suisse à Md. sa Mere. in 12. 1773.

Lettres de M. William Coxe à M. W. Melmoth, sur l'état politique, civil & naturel de la Suisse, traduites de l'Anglois. in 12. *Paris*, 1781.

Lettres sur l'Emprunt & l'impôt adressées à Mr. ***. par Rilliét de Saussure. in 8. 1779.

Lettres de Sophie & du Chevalier de ..... pour servir de supplément aux Lettres du Marquis de Rosclle, par de .... 2 vol. in 12. *Liege*, 1773.

Lettre écrite à Md. la Comtesse Tation, par le sieur de Bois-Flotté. in 12. *Amst.* 1779.

Lettres du Marquis de Rosclle par Madame. 2 vol. in 12. *Liege*, 1776.

Lettres du Comte de Chesterfield à son Fils Philippe Stanhope, Envoyé extraordinaire à la Cour de Dresde. 4 vol. in 12. *Amst.* 1779.

Lettres de Md. du Montier & de la Marquise de ***. sa Fille, avec les réponses. in 12. *Paris*, 1762.

Lettre de M. T. ***. à M. le Baron de Servieres. in 8.

Lettre à Beunie. in 12.

Lettres d'Aza, où d'un Peruvien, augmentées de celles du Chevalier d'Eterville. 2 vol. in 12. *Amst.* 1775.

Lettres d'un Cosmopolite à un Membre Belgique. in 8. *Middelbourg*, 1781.

Lettres à Myladi & autres Œuvres mêlées tant en prose qu'en vers, par de la Place. 3 vol. in 12. *Brux.* 1773.

Lettres (Pantasiologie, où) Philosophiques à Mdme. de .... sur la faculté imaginative. in 12. *Oxfort*, 1760.

Lettres à une illustre Morte décédée en Pologne depuis peu de temps, par l'Auteur du Caracteres de l'Amitié. in 12. *Paris*, 1771.

Lettres de Stéphanie, où l'Héroïsme du sentiment, par Md. la Comtesse de Beauharnais. 4 vol. in 12. *Liege*, 1779.

F

Lettre d'un Ami des Hommes. in 12. *Deux-Ponts*, 1776.

Lettres sur la Mythologie, dans lesquelles on rapporte les opinions des anciens en matieres de Réligion, les pratiques & les cérémonies qui y ont rapport, & l'on développe le sens le plus caché & le plus mistérieux des Fables du Paganisme, par Blackwell. 2 vol. in 12. *Paris*, 1771.

Lettre (seconde) de Pinto. in 8. *la Haye*, 1776.

Lettre de M. ***. à M. S. B. in 8. *la Haye*, 1776.

Lettre de Rosette à Valcour, suivie des piéces fugitives, par M. R. D. S. in 8. *Paris*, 1776.

Lettre sur l'Emente arrivée à Londres le 2 Juin 1780. in 12.

Lettres à Eugenie. in 8. *Paris*, 1774.

Lettres d'Abailard à Héloïse. in 8. *Clunni*, 1776.

Lettres & Epîtres amoureuses d'Héloïse, avec les réponses d'Abeilard. 2 vol. in 12. 1777.

Lettres d'amour d'une Réligieuse Portugaise, écrites au Chevalier de C .... Officier François en Portugal. 2 vol. in 12. *Londres*, 1777.

Lettres de Cécile à Julie, où les combats de la Nature. 2 vol. in 12. *Amst.* 1764.

Lettres de Madame la Marquise de Pampadour, depuis 1753 jusqu'à 1762 inclusivement. 4 vol. in 12. *Londres*, 1774.

Lettre Galante de M. le Cardinal de Bernis à Md. la Marquise de Pompadour. in 8. *Londres*, 1779.

Lettres d'une Chanoinesse de Lisbonne à Melcour Officier François suivies de l'Epître, intitulée ma Philosophie. in 12. *Paris*, 1775.

Lettres sur les Spectacles, avec une Histoire des ouvrages pour & contre les Théâtres, par Desprez de Boisy. 2 vol. in 12. *Paris*, 1780.

Ligue (la) Découverte, où la Nation vengée. in 12. *Paris*, 1774.

Livre (le) des Enfans, où idées générales & définitions des choses dont les Enfans doivent être instruits. in 12. *Liege*, 1772.

Livre (le) des Enfans par un grand - Pere, pour son petit Fils. in 12. *Paris*, 1778.

Livre (le) des Enfans & des jeunes gens fans études, où idées générales des chofes qu'ils ne doivent pas ignorer, fuivi d'événemens Chronologiques pour l'Hiftoire ancienne, &c publié par de Feutry &c. in 12. *Paris*, 1781.

Livre (le) des Seigneurs, où le papier Terrier perpétuel. in 4. *Paris*, 1776.

Livres (les') de Cicéron de la vielleffe, de l'amitié, les paradoxes, le fonge de Scipion &c, traduction nouvelle IV édition rétouchée par Barrett. in 12. *Paris*, 1776.

Livre utile aux Négocians de l'Europe, contenant les réductions des argents dont ils ont journaliérement befoin, par M. S.... Arithméticien. *Paris*, 1774.

Logique & principes de Grammaire, par du Marfais. 2 vol. in 12. *Paris*, 1769.

Logique (la) où l'art de Penfer, contenant plufieurs obfervations nouvelles propres à former le jugement, nouv. édition corrigée. in 12. *Paris*, 1775.

Logique (la) où les premiers dévéloppemens de l'art de Penfer, ouvrage élémentaire que le Confeil prépofé aux écoles Palatines avoit demandé, & qu'il à honoré de fon approbation, par l'Abbé de Condillac. in 8. *Paris*, 1780.

Loifirs (les) du Chevalier d'Eon de Beaumont, ancien Miniftre Plénipotentiaire de France, fur divers fujets importans d'adminiftration, &c pendant fon féjour en Angleterre. 13 vol. in 8. *Amft.* 1775.

Loix (les) Civiles dans leur ordre naturel, le droit Public & Legum Delectus, par Domat, nouv. édition revue, corrigée & augmentée par de Hericourt. in folio. *Paris*, 1777.

Loix Eccléfiaftique, par Hericourt. in folio. *Paris*, 1778.

Loix (les) Criminelles de France dans leur ordre naturel, dédiées au Roi, par Muyart de Vouglans. in fol. *Paris*, 1780.

Londres, revue corrigée & confidérablement augmentée. 4 vol. in 12. *Laufanne*, 1774.

Louis XIV où la Guerre de 1701, Poëme en quinze chants par de Vixouze. in 8. avec. fig. *Paris*, 1778.

Lufiade (la) de Louis Camoens, Poëme Héroïque en dix chants nouvellement traduit du Portugais, avec des Notes & la vie de l'Auteur. 2 vol. in 8. *Paris*, 1776.

Libellus Libellorum continens preces ante & poft Miffam. in 12. *Lovanii*, 1775.

Livii (Titi) Patavini Hiftoriæ ab urbe condita Libri qui fuperfunt XXXV. 6 vol. in 12. *Parifiis*, 1768.

M.

Magafin des petits Enfans , où recueil d'amufemens aportée de leurs âge, par Mdfelle. de Los-Rios Maîtreffe de penfion. 2 vol. in 12. *Anvers*, 1774.

Magafin des Enfans, où dialogues entre une fage Gouvernante & plufieurs de fes éléves de la premiere diftinction, par Mme. le Prince de Beaumont. 4 vol. in 12. *Paris*, 1779.

—— Le même. 4 vol. in 12. *Liege*, 1780.

Magafin des Adolefcentes, où dialogue entre une fage Gouvernante & plufieurs de fes éléves de la premiere diftinction, par Mdme. le Prince de Beaumont. 4 vol. in 12. *Liege*, 1780.

Magafin des jeunes Dames qui entrent dans le monde &c, pour fervir des fuites au Magafin des Adolefcentes, par Madame le Prince de Beaumont. 4 vol. in 12. *Paris*, 1781.

Magafin (la Dévotion éclairée, où) des Dévotes, par Mad. le Prince de Beaumont. in 12. *Liege*, 1780.

Magafin (le) des pauvres Artifans , domeftique &

gens de la Campagne, par Mdme le Prince de Beaumont. 2 vol. in 12. *Liege*, 1769.

Maifon (la nouvelle) ruftique, où économie générale de tous les Biens de Compagne, par M. ***. Xe. édition enrichie de figures en taille douce 2 vol. in 4. *Paris*, 1775.

Maître (le) Italien dans fa derniere perféction, corrigé & augmenté par le S. Veneroni. in 12. *Paris*, 1779.

Malheurs (les) de l'Inconftance, où Lettres de la Marquife de Syricé & du Comte de Mirbelle. 2 vol. in 12. *Amft.* 1773.

Maniere (de la) d'enfeigner & étudier les Belles-Lettres, par Rollin. 4 vol. in 12. *Louvain*, 1777.

Maniere (nouvelle) de jouer aux Echets, felon la méthode du Sr. Philippe Stamma natif d'Alep. *Utrecht*, 1777.

Manne Célefte de l'ame, où Méditations fur des Paffages choifis de l'Ecriture-Sainte, pour tous les jours de l'année, par le R. P. Segneri de la Compagnie de Jefus. 4 vol. *Paris*, 1779.

Manuel du Philofophe, où Dictionnaire des Vertus, où des qualités intellectuelles de l'ame, dans lequel on en développe la connoiffance, l'ufage & l'alliance. in 8. *Berlin*, 1769.

Manuel du Chrétien, contenant les Pfeaumes, le nouveau Teftament & l'Imitation de Jefus-Chrift. in 12. *Paris*, 1771.

Manuel des Pafteurs, par l'Abbé Dinouart Chanoine de l'Eglife Collégiale de St Benoît de Paris. 3 vol. in 12. *Lyon*, 1768.

Manuel de la jeuneffe, où inftructions familieres en Dialogue fur les principaux points de la Réligion, pour fervir de fuite au Magafin des Adolefcentes de Mdme. le Prince de Beaumout. 2 vol. in 12. *Paris*, 1773.

Manuel (le) des Grammairiens divifé en trois parties, nouvelle édition corrigée. in 12. *Paris*, 1777.

Manuel Philofophique, où précis univerfel des Sciences. in 12. *Lille*, 1748.

Manuel des Champs, où recueil choifi, inftructif & amufant, de tout ce qui eft le plus néceffaire & le plus utile pour vivre avec aifance & agrément à la Campagne, par de Chanvalon Prêtre de l'Ordre de Malthe. in 12. *Paris*, ·1765.

Manuel à l'ufage des Marchands, dans lequel on trouve la réduction de l'aunage des Toiles à 21 & demi pour 20 & à 25 pour 20, des Tarifs néceffaire au Commerce &c. 1771.

Manuel Hiftorique, Géographique & Politique des Négocians, où Encyclopédie portatif de la théorie & de la pratique du Commerce. 3 vol. in 12. *Lyon*, 1762.

Manuel pour le corps de l'Infanterie, extrait des principales Ordonnances rélatives à l'Infanterie Françoife & le plus journellement en ufage, avec un détail hiftorique fur fon origine, par un Officier des Dragons. in 12. *Paris*, 1781.

Manuel du Dragon, extrait des principales Ordonnances rélatives aux Dragons & le plus journellement en ufage, avec un détail hiftorique fur l'origine de ce corps, par un Officier de Dragons. in 12. *Paris*, 1781.

Maréchal, (le parfait) qui enfeigne à connoître la beauté, la bonté & les défauts des Chevaux, nouv. édition augmentée de l'art de monter à Cheval, par le fieur de Solleyfel. in 4. *Paris*, 1775.

———— Le même, par Garceau. in 4. *Paris*, 1770.

Marcellin, (Ammien) où les dixhuit Livres de fon Hiftoire. 3 vol. in 12. *Lyon*, 1778.

Mariane, où la nouvelle Pamela, Hiftoire véritable, traduite de l'Anglois, enrichie de figures en taille douce. 2 vol. in 12. *Leide*, 1780.

Mafque (le) de Fer, où les Avantures admirables du Pere & du Fils. 2 vol. in 12. *la Haye*, 1779.

Matieres (traite des) Criminelles, fuivant l'Ordondonnance du mois d'Août 1670 & les édits, declarations du Roi, arrêts & réglemens intervenus jufqu'à préfent, par Me. Guy du Rouſſaud de la Combe VIe. édition. in 4. *Paris*, 1769.

Maximes & réfléxions morales extraites de la Bruyere. in 12. *Paris*, 1781.

Maximes (les) de l'honnête Homme, où de la fageffe par l'Abbé Blanchard. 3 vol. in 12. *Liege*, 1780.

Maximes au droit Publique François, tirés des capitulaires, des ordonnances du Royaume, & des autres monumens de l'Hiftoire de France. 6 vol. in 12. *Amft.* 1775.

Méditations Chrétiennes, où rétraite annuelle. in 12. *Vienne*, 1776.

Méditations pour tous les jours de l'Avent, par le **R. P. J.** Craffet de la Compagnie de Jeſus. in 12. *Brux.* 1723.

Méditations pour les rétraites fur différens fujets VIe. édition. in 12. *Paris*, 1774.

Méditations pour fervir aux rétraites, foit annuelles, foit d'un jour par mois, pour les perfonnes confacrés à Dieu, augmenté par Collet Prêtre de la Miffion. in 12. *Paris*, 1769.

Méditations fur la Paffion de J. C. , par l'Abbé Clément. 3 vol. in 12. *Paris*, 1765.

Méditations pour tous les jours du Carême, par le **R. P. J.** Craffet de la Compagnie de Jeſus. 2 vol. in 12. *Brux.* 1722.

Méditations pour tous les jours de l'année, fur les principaux devoirs du Chriftianifme. in 12. *Paris*, 1759.

Mélanges tirés d'une grande Bibliothéque. 24 vol. in 8. *Paris*, 1780.

Mélanges Littéraires, où Epîtres & piéces Philofophiques, par de la Harpe. in 12. *Paris*, 1765.

Mélanges de Littérature, de Morale & de Phyfique. in 12. *Amft.* 1775.

Mélange de Littérature , d'Hiftoire & de Philofophie. 5 vol. in 12. *Amft.* 1770.

Mélange de Poëfies fugitives & de profe fans con-
féquence , par Md. la Comteffe de ***. 2 vol.
in 8. *Paris*, 1776.

Mélanges Hiftoriques , Politiques , Critiques , par
Ducrot. 2 vol. in 8. *Paris*, 1774.

Mémoires pour fervir à l'Hiftoire Eccléfiaftique des
fix premiers fiecles , par le fieur D. T. 30 vol.
in 12. *Brux.* 1749.

Mémoires pour fervir à l'Hiftoire des Egaremens
de l'Efprit humain , par rapport à la Réligion Chrétienne , où Dictionnaire des héréfies , des erreurs
& des fchifmes. 2 vol. in 12. *Paris*, 1776.

MémoiresGéographiques, Phyfiques &Hiftoriques fur
l'Afie , l'Afrique & l'Amérique , tirés des lettres
édifiantes & des voyages des Miffionnaires Jéfuites , par l'Auteur des Mélanges intéreffantes
& curieux. in 12. 4 vol. *Paris*, 1767.

Mémoires & Plaidoyers de Linguet Avocat à Paris. 11 vol. in 12. *Liege*, 1776.

Mémoires du Baron de ***. grand Chambellan de
Sa M. l'Imp. Reine. 2 vol. in 12. *Vienne en Au-*
triche , 1778.

Mémoires politiques & militaires , pour fervir à
l'Hiftoire de Louis XIV & de Louis XV , compofés fur les piéces originales recueillies par Adrien
Maurice Duc de Noailles , par l'Abbé Millot. 4
vol. in 12. *Macftricht*, 1777.

Mémoires fecrets pour fervir à l'Hiftoire de la République des Lettres en France , depuis 1762
jufqu'à nos jours , où Journal d'un obfervateur ,
contenant les analifes des piéces de Théâtre qui
ont paru durant cet intervalle , les rélations des
affemblées littéraires , les notices des livres nouveaux , clandeftins , prohibés , les piéces fugitives ,
rares où manufcrits &c. 16 vol. in 12. *Londres* ,
1780.

Mémoires du Cardinal de Retz , contenant les Mémoires du Guy Joli, & ce qui s'eft paffé de rémarquable en France, fous le regne de Louis XIV. 6 vol. in 12. *Geneve*, 1777.

———— Le même. en 4 vol. in 12. *Amft.* 1718.

Mémoires de Maximilien de Berthune, Duc de Sully principal Miniftre de Henri le Grand, mis en Ordre, avec des remarques, par **M. L. D. L. D. L.** 8 vol. in 12. *Londres*, 1767.

———— Les mêmes Mémoires. 10 vol. *Londres*, 1768.

Mémoires pour fervir à l'Hiftoire de Louis Dauphin de France, avec un traité de la connoiffance des Hommes fait par fes ordres en 1758. 2 vol. in 12. *Paris*, 1778.

Mémoires de M. le Comte de St. Germain, Miniftre & Secrétaire d'Etat de la guerre. in 8. *Amft.* 1779.

———— Le même. in 12. *Amft.* 1780.

Mémoire pour le fieur de la Bourdonnais avec les piéces juftificatives. 4 vol. in 12. *Paris*, 1751.

Mémoires du Maréchal de Tourville, Vice Amiral de France & Général des Armées Navales du Roi. 3 vol. in 12. *Amft.* 1779.

Mémoires (fuite des) de Pierre - Auguftin Caron de Beaumarchais, où réponfe Ingenue à la confultation injurieufe que le Comte Jofeph Alexandre Falcoz de la Blache à répandue dans Aix. in 12. 1778.

Mémoires (fuite des) de Pierre-Auguftin Caron de Beaumarchais. 2 vol. in 12. 1778.

Mémoires de Mademoifelle de Montpenfier fille de Gafton d'Orléans, Frere de Louis XIII Roi France. 8 vol. in 12. *Paris*, 1728.

———— Le même. 8 vol. in 12. *Maeftricht*, 1776.

Mémoires de Gaudences de Lucques, enrichis des favantes remarques de Rhedi & des figures en taille douce. in 12. *Amft.* 1777.

Mémoires pour fervir à l'Hiftoire de la Maifon de Brandebourg, précédé d'une difcours préliminaire & fuivi de trois differtations, fur la Réligion

les mœurs, le gouvernement du Brandebourg &
d'une quatrième fur les raifons d'établir, où d'abréger
les loix. 2 vol. in 12. *Berlin*, 1751.

Mémoires du Maréchal de Berwick, écrits par lui-
même, avec un fuite abrégée depuis 1716, jufqu'à fa mort 1734, précédé de fon portrait par
Milord Bolingbroke & d'une Ebauche d'éloge
hiftorique par le Préfident de Montefquieu &c.
2 vol. in 12. *Paris*, 1780.

Mémoires hiftoriques, militaires & politiques fur les
principaux événemens arrivés dans l'île & Royaume de Corfe, depuis le commencement de l'année 1758, jufques à la fin de l'année 1741,
avec l'hiftoire Naturelle de ce pays-là, enrichi
des cartes nouvelles de l'île de Corfe, par Jauffin.
2 vol. in 12. *Laufanne*, 1758.

Mémoires pour fervir à l'hiftoire de Cayenne & de
la Guiane Françoife, dans lefquels on fait connoître la nature du climat de cette contrée, le
maladies qui attaquent les Européens nouvellement arrivés avec des planches. 2 vol. in 8. *Paris*, 1777.

Mémoires fur les finances & fur le commerce de
l'Angleterre, ouvrage attribué à Grenville Miniftre d'état & chargé de l'Adminiftration des finances. in 12. *Leide*, 1769.

Mémoires fur les Queftions propofées par l'Académie Imp. & R. des Sciences & Belles-Lettres
de Bruxelles. in 4. *Brux.* 1779.

Mémoires fur les obfervations Météorologiques faites à Franeker en Frife, pendant le courant de
l'année 1779, par J. H. van Swinden. in 8. *Amft.*
1780.

Mémoires pour fervir à l'Hiftoire de la Vie & des
ouvrages de l'Abbé Lenglet du Frenoy. in 12.
Londres, 1761.

Mémoires pour fervir à l'Hiftoire de la révolution
operée dans la Mufique, par le Chevalier Gluck.
in 8. avec fig. *Paris*, 1781.

Mémoires sur la Teinture en Noir, par J. B. de Beunie. in 8. *Rotterdam*, 1777.

Mémoires (second) sur l'action d'un feu égal violent & continué pendant plusieurs jours, par d'Arcet. in 8. *Paris*, 1771.

Mémoires Philosophiques du Baron de *** IIe. édition augmentée. 2 vol. in 8. avec fig. in 8. *Paris*, 1779.

Mémoire sur l'origine des Constellations & sur l'explication de la Fable, par le moyen de l'Astronomie, par Dupuis. in 4. *Paris*, 1781.

Mémoires du Comté de Grammont, par le C. Antoine Amilton. 2 vol. in 12. 1779.

Mémoires Historiques & Galans de l'Académie de ces Dames & de ces Messieurs, redigés par Antoine Martin Vadé Secrétaire de l'Académie. 2 vol. in 12. *Amst.* 1776.

Mémoires d'une Reine infortunée, entrémêlés des lettres écrites par Elle-même. in 12. *Londres*, 1777.

Mémoires de Madame la Baronne de Batteville, où la Veuve parfaite, par Mad. le Prince de Beaumont. in 12. *Leyde*, 1766.

Mémoires de Rigobert Zapata, publiés par de Lignac, 2 vol. in 12. *Lille*, 1780.

Mémoires & Aventures d'un Homme de qualité, qui s'est retiré du monde. 3 vol. in 12. *la Haye*, 1777.

Mémoire du Chevalier de Ravanne. 4 vol. 1782.

Mendicité, (Supplément au traité de la) in 8. *Brux.* 1775.

Mentor (le) moderne, où instructions pour les garçons & pour ceux qui les élévent, par Mad. le Prince de Beaumont. 12 vol. in 12. *Paris*, 1773.

Méprises (les) où les Illusions du Plaisirs, lettres du Comte d'Orabel pour servir à l'Histoire de sa Vie. 2 vol. in 12. *Paris*, 1780.

—— Le même 2 vol. in 12. *Berlin*, 1781.

Métamorphoses (les) d'Ovide, avec des explications à la fin de chaque Fable, traduit par l'Abbé de Bellegarde. 2 vol. in 12. *la Haye*, 1735.

———— Le même, par Fontanelle. 2 vol. in 12. avec fig. *Lille*, 1772.

Métamorphofes (les) d'Ovide en Latin & en François, de la traduction de l'Abbé Banier 4 vol. in 4. avec fig. *Paris*, 1771.

Métamorphofes d'Ovide, traduction nouvelle avec le Latin à coté, nouvelle édition. 2 vol. in 12. *Paris*, 1777.

Méthode pour converfer avec Dieu. in 12. *Paris*, 1770.

Méthode d'Oraifon avec une nouvelle forme de Méditations, par le R. P. Jean Craffet. in 12. *Brux.* 1724.

Méthode pour bien prier Dieu, où l'efprit de la Réligion. in 12. *Paris*, 1741.

Méthode nouvelle pour apprendre parfaitement les régles du Plain-Chant & de la Pfalmodie, avec les Meffes & autres ouvrages en Plain-Chant, figuré & mufical à voix feule & en partie, à l'ufage des Paroiffes & des Communautés Réligieufes, dédiée à Monfgr. l'Evêque de Poitiers, par de la Feillèe Eccléfiaftique. in 12. *Poitiers*, 1775.

Méthode abrégée & facile pour apprendre la Géographie. in 12. *Rouen*, 1730.

Méthode pour étudier la Géographie, où l'on donne une defcription exacte de l'Univers, formé fur les obfervations de l'Académie des Sciences & fur les Auteurs originaux, par l'Abbé Lenglet du Frenoy. in 12. 10 vol. *Paris*, 1768.

Méthode pour étudier l'Hiftoire, avec un Catalogue des principaux Hiftoriens, accompagné des remarques fur la bonté de leurs ouvrages & fur le choix des meilleures éditions, par l'Abbé Lenglet du Frenoy, augmenté par Drouet Bibliothécaire. 15 vol. in 12. *Paris*, 1771.

Méthode (nouvelle) raifonnée du Blafon, où de l'art héraldique du P. Meneftrier, par M. L. ***. in 8. *Lyon*, 1770.

Méthode pour exercer l'Oreille à la mesure dans l'art de la Danse, par Bacquoy-Guédon. in 8. *Amst.*

Métrologie, où traité des mesures, poids & monnoies des anciens peuples & des modernes. in 4. *Paris*, 1780.

Militaire (le) en Françonie, où traité sur une constitution Militaire adoptée à des principes de Tactique qui lui sont propres, par le Marquis de B***. avec fig. 2 vol. in 8. *Liege*, 1777.

Mille (les) & un jour contes Persans, traduits par Petit de la Croix. 5 vol. in 12. *Paris*, 1778.

Mille (les) & un quart d'heure contes Tartares. 3 vol. in 12. *Paris*, 1778.

Mimographie, (la) où idées d'une honnête Femme, pour la réformation du Théâtre National. in 8. *Amst.* 1770.

Minéralogistes, (les anciens) où royaume de France, avec des Notes par Gobet. 2 vol. in 8. *Paris*, 1779.

Ministre (le) de Wakefield Histoire supposée, écrite par lui-même. 2 vol. *Liege*, 1780.

Missel Romain, selon le réglement du Concile de Trente, Latin & François avec les Epîtres & Evangiles pour tous les jours de l'année. in 12. *Liege*, 1772.

Missionaire Paroissial, par Chevassu ancien Curé de St. Claude. 4 vol. in 12. *Liege*, 1758.

Mistere. (Sermons du P. Bourdaloue sur le) 2 vol. in 12. *Lyon*, 1719.

Modéles des Lettres sur différens sujets, choisis dans les meilleurs Auteurs Epistolaires, avec une courte instruction à la tête de chaques espéces de Lettres. in 12. *Paris*, 1780.

Modéle (le) des Pasteurs, où précis de la vie de M. de Sernin, publié par M. P..... in 12. *Paris*, 1779.

Mois (les) Poëme en douze chants, par Roucher. 4 vol. in 12. *Paris*, 1779.

Monde (le) son origine & son antiquité de l'ame,

& de fon immortalité effai fur la Chronologie, IIe. édition. in 8. *Londres*, 1778.

Monde, (le nouveau) Poëme par le Suire. 2 vol. in 12. *Paris*, 1781.

Monde (le) de verre réduit en poudre, où Analife & réfutation des époques de la nature, de M. le Comte de Buffon, par l'Abbé Royon Chapellain de l'Ordre de St Lazare. in 12. *Paris*, 1780.

Mœurs (les Italiens, où) & Coutumes d'Italie, traduit de l'Anglois de Baretty. in 12. *Geneve*, 1773.

Morale (la) du Citoyen du monde, où la morale de la raifon, par Sauri. in 12. *Paris*, 1777.

Mort (la) d'Abel, Poëme en cinq chants, traduit de l'Allemand de Geffner, par Hubert. in 12. *Paris*, 1767.

―――― Le même. in 12. *Paris*, 1772.

Moyen d'arriver à la perfection Chrétienne. in 12. *Paris*, 1778.

Moyen (le) de parvenir. 2 vol. in 12.

Manuale Theologicum, continens definitiones & devifiones Theologiæ univerfæ. *Lovanii*.

(a) Majanfii Difputationes juris, in quibus multa juris civilis aliorumque fcriptorum loca explicantur. 2 vol. in 4. *Lugd. Bat.* 1752.

Menochii Commentarii totius S. Scripturæ ex optimis quibufque auctoribus collecti, editio noviffima. 4 vol. in 4. 1768.

(a) Merillus ad Inftituta cum Præfat Trotz. in 4. *Traj. ad Rh.* 1739.

Monita ad Chrifti Miniftros. in 12. *Leodii*, 1772.

N.

Naru fils de Chinki, Hiftoire Cochinchinoife. in 8.

Navigation, (la) Poëme en quatre chants, avec fig. in 8. *Paris*, 1781.

Necker. (collection complette de tous fes ouvrages pour & contre M.) 3 vol. in 8. avec fig. *Utrecht*, 1781.

Nepos, (Cornelius) Latin & François, traduction nouvelle. in 12. *Paris*, 1771.

Nobiliaire des Pays-Bas & Comté de Bourgogne, par M. D. S. D. H. 2 vol. in 12. *Louvain*, 1760.

Nobilaire des Pays-Bas (suite du supplément au) & du Comté de Bourgogne, par M. D. ***. S. D. H. ***. 5 vol. in 12. *Malines*, 1779.

Notaire (le) Belgique, par J. B. J. Huygens. in 12. *Brux.* 1764.

Notice de l'Ecriture-Sainte, où description Topographique, Hiftorique & Critique des Royaumes, Provinces &c, par le R. P. Colome de Barbite. in 8. *Paris*, 1773.

Notaire (le parfait) Apoftolique & Procureur des Officialités, contenant les régles & les formules de toutes fortes d'actes Eccléfiaftiques, par Jean Louis Brunet, IIe. édition. 2 vol. in 4. *Lyon*, 1775.

Notaire, (le parfait) contenant les ordonnances, arrêts & réglemens rendus touchant la fonction des Notaires tant Royaux qu'Apoftolique, nouvelle édition augmentée fur celles de Ferriere par le fieur Devifme. 2 vol. in 4. *Paris*, 1771.

Nouvelles (le cent) Nouvelles, par Madame de Gomez. 20 vol. in 12. *Liege*, 1772.

Nouvelles Hiftoriques (fuite des) de d'Arnaud. *Paris*, 1781.

Nouvelles Éfpagnoles de Michel de Cervantes, traduction nouvelle ornée de figures en taille douce, par le Febvre de Villebrune. 2 vol. in 8. *Paris*, 1778.

Nuits (les) d'Young, traduite de l'Anglois par Letourneur, IIIe. édition augmentée du Triomphe de la Réligion. 2 vol. in 12. *Paris*, 1770.

Nuits (les) Clémentines, Poëme en quatre chants fur la mort de Clément XIV, par D. Giorgi Bertela, traduction libre de l'Italien. in 12. 1778.

O.

Obſervations & Notes des anciens Juriſconſultes , ſur le titre premier de la Coutume de la Chatellenie de Lille. in 4. *Lille* , 1774.

Obſervations d'un Citoyen , ſur les opérations de Finances de M. Necker. in 4.

Obſervations Hiſtoriques & Géographiques ſur les Peuples Barbares qui ont habité les bords du Danube & du Pont - Euxin , par de Peyſſonnel. in 4. avec fig. *Paris* , 1765.

Obſervations ſur le Mémoire Juſtificatif de la Cour de Londres , par Pierre - Auguſtin Caron de Beaumachais. in 8. *Londres* , 1779.

Obſervations (nouvelles) Philoſophiques , Phyſiques & Critiques en forme d'Epître , par Erathoſtênes. in 8. *Paris* , 1780.

Obſervation ſur l'Italie & ſur les Italiens , par M. G. 4 vol. in 12. *Londres* , 1776.

Obſervations ſur la Phyſique , ſur l'Hiſtoire Naturelle & les arts , par l'Abbé Rozier par Souſcription. in 4. *Paris* , 1778.

Obſervations ſur le froid rigoureux du mois de Janvier 1776 , par J. H. van Swinden. in 8. *Amſt.* 1778.

Obſervations (nouvelles) ſur la Lettre de Pinto. in 8. *Londres* , 1776.

Odes Anacreontiques contes en vers &c. *Londres* , 1781.

Ode ſur la mort de l'Impératrice d'Autriche , par Poyart. in 8.

Odes ſacrées de Rouſſeau. in 4. *Brux.* 1738.

Œuvres de Meſſire Jacques Benigue Boſſuet , Evêque de Meaux , nouv. édition. 25 vol. in 4. *Paris* , 1772 dont douze Paroiſſent parfaitement.

Œuvres Spirituelles du P. Vincent Huby. in 12. *Paris* , 1766.

Œuvres complets de Pothier , contenant les traités des obligations ſelon les régles tant du For ,

de

la Confcience, que du For extérieur, nouv. édition. 2 vol. in 12. *Paris*, 1777.

———— De la Communauté , auquel on a joint un traité de la puiffance du Mari fur la perfonne & les biens de la Femme. 2 vol. in 12. *Paris*, 1770.

———— Du Contrat de Mariage. 2 vol. in 12. *Paris*, 1772.

———— Du Contrat de Vente & des rétraits. 3 vol. in 12. *Paris*, 1772.

———— Des Contrats de Bienfaifance. 2 vol. in 12. *Paris*, 1775.

———— Du Contrat de Bail à rente. in 12. *Paris*, 1771.

———— Du droit de Domaine de propriété, auquel on a joint les traités de la poffeffion & de la prefcription. 2 vol. in 12. *Paris*, 1772.

———— Du Contrat de conftitution de Rente, auquel on à joint le traité du Contrat de change. 2 vol. in 12. *Paris*, 1773.

———— Du Contrat de Louage. 2 vol. in 12. *Paris*, 1771.

------- Supplément au traité du Contrat de Louage, où traité des Contrats de Louage maritimes, auquel on a joint les traités de Société & des Cheptels. in 12. *Paris*, 1775.

———— Du Douaire. in 12. *Paris*, 1770.

———— Du droit d'Habitation, pour fervir d'appendice au traité du Douaire. in 12. *Paris*, 1775.

———— Des Contrats Aléatoires. in 12. *Paris*, 1775.

———— Œuvres Pofthumes de Pothier, contenant les traités des fiefs, cenfives, rélévoifons & champarts. 2 vol. in 12. *Paris*, 1776.

———— Contenant les traités de la Garde Noble & Bourgeoife, du préciput légal des Nobles, des Hypothéques & des fubftitutions. in 12. *Paris*, 1777.

———— Contenant le traité des Succeffions. in 12. *Paris*, 1777.

——— Contenant les traités des propres & des donations Teſtamentaires. in 12. *Paris*, 1777.

——— Contenant les traités des Donations, entre-vifs, des perſonnes & des choſes. in 12. *Paris*, 1778.

——— Contenant le traité de la Procédure Civile & Criminelle. 2 vol. in 12. *Paris*, 1778.

——— Les mêmes Œuvres complettes de Pothier. 7 vol. in 4. *Paris*, 1773.

Œuvres d'Antoine d'Eſpeiſſes, où toutes les plus importantes matieres du droit Romain ſont méthodiquement expliquées & accommodées au droit François, nouvelle édition augmentée. 3 vol. in 4. *Touloufe*, 1778.

Œuvres de Claude Henrys Conſeiller du Roi, contenant ſon recueil d'Arrêts, vingt deux Queſtions poſthumes, tirées des écrits de l'Auteur trouvés après ſon dècés, ſes Plaidoyers & ſes Harangues &c. 4 vol. in fol. *Paris*, 1772.

Œuvres de M. le Chancelier d'Agueſſeau. 11 vol. in 4. *Paris*, 1779.

Œuvres divers de Cochin. 3 vol. in 12. *Paris*, 1771.

Œuvres de Monteſquieu, nouv. édition augmen tée par l'Auteur. 3 vol. in 4. *Londres*, 1767.

——— Les mêmes. 7 vol. in 12. *Amſt.* 1771.

——— Les mêmes. 3 vol. in 8. *Londres*, 1772.

Œuvres complettes d'Iſocrate, trad. en François par l'Abbé Auger. 3 vol. in 8. *Paris*, 1781.

Œuvres de Séneque le Philoſophe, par feu la Grange. 7 vol. in 12. *Paris*, 1778.

Œuvres de Lucien, traduction nouvelle de l'Abbé Maſſieu. 3 vol. in 12. *Paris*, 1781.

Œuvres de Tacite. (traduct. complette des) 7 vol. in 12. *Paris*, 1779.

Œuvres d'Etienne Falconet Statuaire, contenant pluſieurs écrits rélatifs aux beaux Arts. 6 vol. in 8. *Laufanne*, 1781.

Œuvres de Virgile, traduites par l'Abbé des Fontaine. 2 vol. in 12. *Amſt.* 1775.

―――― Les mêmes en Latin & Franç. 4 vol. in 12. *Paris*, 1780.

Œuvres Philofophiques premiere partie : démonftration de l'exiftence de Dieu, tiré de l'Art de la Nature &c, par feu Meffire François de Salignac de la Motte Fénélon. in 12. *Paris*, 1775.

Œuvres de M. Linguet. 6 vol. in 12. *Londres*, 1774.
―――――― Les mêmes. 2 vol. in 12. 1779.

Œuvres de Fontenelle. in 12. 11 vol. *Paris*, 1748.

Œuvres du Seigneur de Brantome. 15 vol. in 12. *Londres*, 1779.

Œuvres de Colardeau de l'Académie Françoife. 2 vol. in 12. *Paris*, 1779.

Œuvres complettes d'Arnaud. 6 vol. in 12. *Amft.* 1777.

Œuvres de Saint-Foix. 6 vol. in 12. *Maeftricht*, 1778.

Œuvres diverfes de Me. la Comteffe de la Fayette, contenant l'Hiftoire de Me. Henriette d'Angleterre. 2 vol. in 12. *Maeftricht*, 1779.

Œuvres, (collection complette des) de Condillac. in 8. *Paris*, 1780.

Œuvres diverfes de M. le Comte de Treffan. in 8. *Paris*, 1776.

Œuvres de Marotte Valet de Chambre du Roi. 2 vol. *Geneve*, 1781.

Œuvres de Bofe d'Autic. 2 vol. in 12. *Paris*, 1780.

Œuvres mêlées de Rozoi. 2 vol. in 12. *Paris*, 1769.

Œuvres diverfes de Pope, traduites de l'Anglois, enrichi des figures en taille douce. 8 vol. in 12. *Amft.* 1757.
―――――― Les mêmes. 8 vol. in 8. fig. *Paris*, 1779.

Œuvres de Mdfelle. de Lufan, contenant les annales galantes de la Cour de Henri Second & de Marie d'Angleterre. 3 vol. in 12. *Amft.* 1749.

Œuvres du R. P. la Berthonye. 3 vol. in 12. *Paris*, 1777.

Œuvres de M. Defmahis. 3 vol. in 12. *Paris*, 1778.

Œuvres complettes de M. le Comte de Bernis. 2 vol. in 12. *Londres*, 1777.

Œuvres posthumes d'Ardene. in 12. 4 vol. *Marseille*, 1777.

Œuvres de Chaulieu. 2 vol. in 12. *la Haye*, 1777.

Œuvres complettes de Collardeau de l'Académie Françoise. 2 vol. in 12. *Liege*, 1778.

Œuvres choisies du Baron de Walef, Gentilhomme Liégeois. in 12. *Liege*, 1779.

Œuvres de Gessner. 3 vol. in 12.

Œuvres complettes de Gessner, trad. de l'Allemand par Huber. 2 vol. in 12. *Neuchatel*. 1776.

Œuvres du Chevalier de Bouffiers. in 12. *Londres*, 1782.

Œuvres diverses de Madame la Comtesse de la Fayette. 2 vol. in 12. *Maestricht*, 1779.

Œuvres mêlées de Madame de Montegut, recueilli par M. de Montegut son fils, Conseiller au Parlement de Toulouse. 2 vol. in 12. *Paris*, 1768.

Œuvres mêlées en prose en vers du Comte Antoine Hamilton. 7 vol. in 12. 1777.

Œuvres de Boileaux Despreaux. in 12. 2 vol. *Paris*, 1770.

Œuvres de B. D. avec des remarques & des disertations critiques de Saint-Marc. 5 vol. in 12. *Amst.* 1775.

Œuvres de Scarron. in 12. 7 vol. *Amst.* 1752.

Œuvres complettes de Madame Ricoboni. 8 vol. in 12. *Neuchatel*, 1780.

Œuvres de Madame la Marquise de Lambert. in 12. *Amst.* 1756.

Œuvres mêlées de Madame la Princesse de Beaumont. 6 vol. in 12. *Maestricht*, 1775.

Œuvres de Madame Sara Goudard Angloise. 2 vol. in 12. *Amst.* 1777.

Œuvres de Chaulieu. 2 vol. *la Haye*.

Œuvres du Philosophe bienfaisant. 4 vol. in 12. *Paris*, 1769.

Œuvres complettes de Dorat. 6 vol. in 8. *Neuchatel*, 1776.

Œuvres de Vergier. 3 vol. *Londres*, 1780.

Œuvres de M. le Chevalier de Parny. in 8. *l'Iſle de Bourbon*, 1780.

Œuvres de Blaiſe Paſcal. 5 vol. in 8. *la Haye*, 1779.

Œuvres de l'Abbé de Voiſenou. 5 vol. in 8. *Amſt.* 1781.

Œuvres complettes de Furgole, nouv. édition revue, corrigée & augmentée. 8 vol. in 8. *Paris*, 1775.

Œuvres de la H***. revues corrigées par l'Auteur. 4 vol. in 8. *Yverdon*, 1777.

Œuvres de M. l'Abbé de Condillac, IIIe. édition revue & augmentée. 3 vol. in 8. *Paris*, 1777.

Œuvres complettes de Belloy. 6 vol. in 8. *Paris*, 1779.

Œuvres de Paliſſot, nouv. édition conſidérablement augmentée enrichie de figures. 7 vol. in 8. *Liege*, 1777.

Œuvres complettes de Lefebvre Major au corps des Ingénieurs de Pruſſe. 2 vol. in 4. *Maeſtricht*, 1778.

Œuvres complettes d'Alexis, Piron publiées par Rigoley de Juvigny. 9 vol. in 12. *Amſt.* 1776.

Œuvres de Rouſſeau de Geneve. 5 vol. in 12. *Neuchatel*, 1775.

------ Les mêmes Œuvres. 24 vol. in 8. *Londres*, 1781.

Œuvres complettes du C. de B***. 2 vol. in 12. *Londres*, 1779.

Œuvres complettes de M. Bernard.

Œuvres choiſies de M. & Mlle. de Souliere. in 12. *Londres*, 1780.

Œuvres de P. Corneille. in 12. 10 vol. *Paris*, 1758.

Œuvres de T. Corneille. in 12. 9 vol. *Paris*, 1759.

Œuvres de Greſſet. in 12. 2 vol. *Londres*, 1765.

Œuvres de Regnard. in 12. 4 vol. *Paris*, 1770.

Œuvres de R. in 12. 2 vol.

Œuvres de Moliere. 6 vol. in 12. *Neuchatel*, 1775.

------ Les mêmes Œuvres. 8 vol. in 12. *Rouen*, 1779.

------ Les mêmes Œuvres avec des remarques grammaticales, des avertissemens & des observations fur chaque piéce par Bret. 6 vol. in 8. avec fig. *Paris*, 1773.

Œuvres de Théâtre de Diderot, avec un difcours fur la Poëfie Dramatique. 2 vol. in 8. *Amft.* 1772.

Œuvres Dramatiques de Néricault des Touches de l'Académie Françoife, nouvelle édition. 10 vol. in 12. *Paris*, 1774.

Œuvres complettes de Marivaux. 12 vol. in 8. *Paris*, 1781.

Œuvres de la Harpe, nouvellement recueillies ouvrage Dramatique & morceaux rélatifs à ce genre. 6 vol. in 8. *Paris*, 1778.

Œuvres de Crebillon. 2 vol. in 12. *Paris*, 1749.

Œuvres (les) de Regnard. 4 vol. in 12. *Paris*.

------ Les mêmes. 2 vol. in 12. *Brux.* 1766.

Œuvres de Greffet, nouv. édition. 2 vol. in 12. *Londres*, 1765.

——— Les mêmes édition augmentée. 2 vol. in 8. *Londres*, 1780.

Œuvres de Crébillon Fils. 11 vol. in 12. *Maeftricht*, 1779.

OEuvres de Jean Racine, avec des commentaires par Luneau de Bois Jermain. 7 vol. in 8. avec fig. *Paris*, 1768.

OEuvres de Racine. in 12. 3 vol. *Paris*, 1760.

------ Les mêmes. 3 vol. in 12. *Paris*, 1779.

Oraifons (recueil des) Funebres, prononcées par Meffire J. B. Boffuet. in 12. *Paris*, 1767.

----- Le même, par de Flechier.

Oraifon Funebre de Marie-Therefe Impératrice d'Autriche, par Alexandre Amédée de Lauziere-Themines Evêque de Blois. in 8. *Paris*, 1781.

------ Le même, par l'Abbé de Nelis. in 4. *Brux.* 1781.

Oraifons (les) de Cicéron, traduites en François. 8 vol. in 12. *Paris*, 1772.

Oraifons choifies de Cicéron, traduction revue par
Wailly. 4 vol. in 12. *Paris*, 1778.

Ordonnances (l'Efprit des) & des principaux Edits
& Déclarations de Louis XV, en matiere civile,
criminelle & bénéficiale par Sallé, nouv. édition
augmentée. in 4. *Paris*, 1771.

Orpheline (l') Angloife, où Hiftoire de Charlotte
Summers, par de la Place. 4 vol. in 12. *Londres*,
1773.

Orphelins (les heureux) Hiftoire imitée de l'Anglois, par Crébillon fils. in 12. *Mueftricht*, 1776.

Oratio in Funere Mariæ-Therefiæ.

Ordo perpetuus Divini Officii juxta Ritum Breviarii
ac Miffalis Sanctæ Romanæ Ecclefiæ. *Divione*,
1759.

Office (l') Divin à l'ufage de Rome, pour les Dimanches & Fêtes de l'année. in 12. *Paris*, 1782.

Office (l') de l'Eglife à l'ufage de Rome. in 12.
Liege, 1780.

Office (l') de la femaine Sainte & l'Octave de Pâque à l'ufage de Rome. in 12. *Paris*, 1740.

Office (l') de la quinzaine de Pâque, felon l'ufage
de Rome en François. in 12. *Paris*, 1767.

Office (les) de Cicéron, traduction nouvelle troifieme édition rétouchée avec foin par Barrett. in 12.
Paris, 1777.

Opufcules Sacrées & Liriques, où Cantiques fur
différens fujets de Piété. 4 vol in 12. *Paris*, 1772.

Opufcules (nouveaux) de Feutry. in 8. *Paris*, 1779.

Opufcules de feu Rollin, contenant diverfes lettres
qu'il à écrites & reçues, fes haranges, difcours,
complimens, mendemens &c, avec fon éloge
hiftorique par Boze. 2 vol. in 12. *Paris*, 1772.

Opufcules Poëtiques & Philologiques de Feutry.
in 8. *Paris*, 1771.

Opufcules de phyfique, animale & végétale, par
l'Abbé Spallanzani, traduites de l'Italien, par
Jean Senebier. 2 vol. in 8. *Geneve*, 1777.

Opufcules d'un Free-Thinker. in 8. 1781.

P.

Paix (la de 1782 , où le Bowl de Punch de
Maſter Oliver Dreamer , trad. de l'Anglois. in 12.
Londres , 1782.

Palmier (le) Céleſte , où heures de l'Egliſe , com-
poſé en Latin par le R. P. Guillaume Nacatene ,
VIe. édition. in 12. *Anvers*.

Pamela , où la Vertu récompenſée , traduite de l'Anglois de Richardſon par l'Abbé Prévôt. 8 vol.
in 12. *Amſt.* 1779.

Panegyrique de St. Louis Roi de France , par
l'Abbé Talbert. in 8. **Paris** , 1779.

Panégyrique de St. Thereſe , par le **P.** le Chapelain , Prédicateur de S. M. la Reine d'Hongrie ,
nouvelle édition. in 12. **Paris** , 1770.

Panegyrique de St. Auguſtin , & Oraiſon Funebre
de Henry IV. in 12. *Brux.* 1770.

Panegyrique de Trajan , par Pline le jeune , traduit
par M. de Sacy , de l'Académie Françoiſe. in 12.
Paris , 1772.

Panegyriques & Oraiſon Funebre , ſuivi d'un Ser-
mon ſur le Jubilé , par l'Abbé **Guyot.** in 12.
Paris , 1776.

Paradis (le) des Ames Chrétiennes. in 12. *Lille* , 1775.

Paradis (le) perdus de Milton , Poëme Héroïque
traduit de l'Anglois , nouvelle édition augmentée
du Paradis réconquis &c. in 12. *la Haye* , 1777.

Paradis (le) perdu , Poëme de Milton traduit en
vers François. 4 vol. in 8. **Paris** , 1779.

Paroiſſien (le petit) Romain , contenant l'Office
Divin des Dimanches & Fêtes. in 12. *Liége* , 1781.

Paraphraſe Morale de pluſieurs Pſeaumes , en forme
de priére , par M. Maſſillon Evêque. in 12. *Paris* , 1770.

Parfait (le) Bouvier , où inſtruction concernant la
connoiſſance de Bœufs & Vaches. in 12. *Rouen* ,
1766.

Pasteur (le) instruit de ses Obligations, éclairé sur les fonctions de son Ministere, fixé sur tout les droits qui en dépendent. 3 vol. in 12. Paris, 1768.

Passion (de la) du jeu, depuis les temps anciens jusqu'à nos jours, par Dusaulx. in 8. Paris, 1779.

Paysan (le) parvenu, où les mémoires de M ∗∗∗ par Demarivaux. 3 vol. in 12. la Haye, 1772.

Paysan (le) perverti, où les dangers de la Ville, par N. E. Rétif de la Brétone. 4 vol. in 12. Paris, 1776.

Peinture des mœurs du siécle, où Lettres & Discours sur différens sujets, par de la Croix Avocat. 2 vol. in 12. Paris, 1777.

Pélérinage (le) des deux Sœurs, Colombelle & Volontairette vers leur bien-aimé dans la cité de Jérusalem. in 12. Liége.

Pensées & affections dévotes sur les principales Fêtes de l'année & sur le mistere de la Passion. in 12. Liége,

Pensées du P. Bourdaloue sur divers sujets de Réligion & de morale. 2 vol. in 12. Brux. 1766.

Pensées sur différens sujets de morale & de piété, tirées des ouvrages de feu Massillon. in 12. Paris, 1768.

Pensées & sentimens de piété, tirées des Sermons du P. de Segaud de la C. de S. in 12. Paris, 1767.

Pensées Théologiques rélatives aux erreurs du tems, nouvelle édition. in 12. Paris, 1777.

Pensées sur la Réligion naturelle & révélée, Lettre à un Evêque, & Réflexions sur l'Incrédulité, traduit de l'Anglois, par le R. P. Houbigant. in 8. Lyon, 1769.

Pensées (les) maximes & Réflexions morales de François VI, Duc de Rochefoucauld. in 12. Paris, 1777.

Pensées de Cicéron, traduites pour servir d'éducation à la jeunesse, par l'Abbé d'Olivet. IXe. édition. in 12. Paris, 1777.

Penfées fur les Femmes & le Mariage. 3 vol. in 12.
Kehl, 1782.

Penfées fur la Révolution de l'Amérique-Unie.
in 8. *Brux*.

Penfées de M. Rollin, fur plufieurs points importans de Litérature, de Politique & de Réligion,
recueillies par l'Abbé Lucet. in 12. *Paris*, 1780.

Penfées Ingénieufes des anciens & des modernes.
in 12. *Paris*, 1780.

Pere (le) Gouverneur de fon Fils, par de Ju-
migny. in 12. *Brux*. 1782.

Petrone Latin & François, traduction entiere fuivant les manufcrits trouvés à Belgrade, en 1688.
nouv. édition. 2 vol. in 12. *Amft*. 1756.

Pharfale (la) de Lucain, traduit en François, par
Marmontel. 2 vol. in 8. *Liége*, 1777.

Pharmacopée de Lyon, où expofition méthodique
des Médicamens fimples & compofés, par Vitet. in 4. *Lyon*, 1778.

Phédon, où entrétiens fur la Spiritualité de l'immortalité de l'Ame, par Mofes Mendels-Sohn,
traduit de l'Allemand par Junker, nouv. édition.
in 8. *Amft*. 1773.

Philippiques de Demofthene & Catilinaires de Cicéron, traduit par l'Abbé d'Olivet. VIe. édition.
in 12. *Paris*, 1771.

Philofophe Catechifte, où entrétien fur la Réligion entre le Comte de... & le Chevalier de...
in 12. *Paris*, 1779.

Philofophie morale réduite à fes principes, où Effai de M. S. *** fur le mérite & la vertu. in 12.
Venife, 1751.

Philofophes (les) Avanturiers, par M. T. 2 vol.
in 12. *Amft*. 1780.

Philofophie (la Vie & la) d'Epictete, avec le Tableau de Cebes, par Gille Boileau. in 12. *Paris*, 1772.

Philofophe, (le vrai) où l'ufage de la Philofophie.
in 12. *Amft*. 1776.

Philosophe (le) Anglois, où Histoire de M. Cleveland Fils naturel de Cromwel. 8 vol. in 12. *Rouen*, 1781.

Physique (la) des Dames, où les quatre Elémens, par de Rosnai. in 12. *Paris*, 1774.

Piéces intéressantes & peu connues, pour servir à l'Histoire. in 12. *Brux.* 178..

Pierre (la) Philosophale. in 12. *la Haye*, 1768.

Pierre le Cruel, Tragédie par de Belloy. in 8. *Paris*, 1778.

Pigmalion, où la Statue animée. in 12 *Londres*, 1742.

Placide à Maclovie sur les scrupules, par l'Auteur des pensées Théologiques. in 12. *Paris*, 1776.

Placide à Scholastique sur la maniere de se conduire dans le monde, par rapport à la Réligion, par Dom Jamin. in 12. *Paris*, 1776.

Plan de l'Histoire générale & particuliere de la Monarchie Françoise, par l'Abbé Lenglet du Frenoy. 3 vol. in 12. *Paris*, 1753.

Poëme sur la mort de l'Impératrice, par M. de Rochefort. in 8. *Paris*, 1781.

Poëme Epître & autres Poësies, par M. de V *** *Londres*, 1779.

Poësies (les) d'Horace, avec la traduction Françoise, du R. P. Senadon de la Compagnie de Jesus. 3 vol. in 12. *Paris*, 1756.

———— Le même. 2 vol. in 12. *Paris*, 1772.

Poësies de Malherbe, rangées en ordre Chronologique. in 12. *Liege*, 1778.

Poëtique Françoise, par Marmontel. nouv. édition. 2 vol. in 8. *Liége*, 1777.

Poësies choisies de Fontenelle. 2 vol. *Geneve*, 1777.

Poësies Satyriques du XVIIIe. siécle. 2 vol. *Londres*, 1782.

Poësies sacrées & Philosophique, tirées des livres Saints, par M. le Franc de Pompignan, nouvelle édition augmentée & enrichie de figures. in 4. *Paris*, 1763.

Poësies (les) d'Orat. 4 vol. *Geneve*, 1777.

Poësies Satyriques du XVIIIe. siécle. 2 vol. in 12. *Londres*, 1782.

Poësies de M. le Marquis de la Farre. in 12. *Londres*, 1781.

Poësie (la) & la Philofophie d'un Turc. in 12. *Amst.* 1779.

Poësies de M. l'Abbé de l'Attaignant, contenant tout ce qui a paru de cet Auteur, fous le tître de piéces dérobées &c. 5 vol in 12. *Paris*, 1757.

Poësies Erotiques, par le Chevalier de Parny. in 8. *l'Isle de Bourbon*, 1778.

Poësies (les) de Sapho.

Poëte (le) des Mœurs. 3 vol. in 12. *Liége*, 1780.

Population (Effai fur la) de l'Amérique, par E. B. D. E. 2 vol. in 12. *Amst.* 1767.

Porte-Feuille (le) François, où choix nouveau des différentes piéces de Profes & de Poësies. *Paris*, 1765.

Porte-Feuille (le) d'un Homme de goût, où l'Esprit de nos meilleurs Poëtes, par feu M. de la Porte. 3 vol. in 12. *Amst.* 1780.

Porte-Feuille du Phyficien, par M. de la Croix. in 12. *Paris*, 1780.

Pouvoir (le) de la reconnoiffance Conte. in 12. *Amst.* 1779.

Pratique (la) des dévoirs des Curés, traduite en François de l'Italien, du P. Paul Segneri, par l'Abbé Delvincourt. in 12. *Paris*, 1781.

Pratique du Sacrement de Pénitence, où méthode pour l'adminiftrer utilement, par feu Meffire-Louis Habert. in 12. *Paris*, 1755.

Pratique (la) du Jardinage, par l'Abbé Roger Schabol. 2 vol. in 12. fig. *Paris*, 1771.

Pratique de l'Equitation, par Dupaty de Clam. in 12. *Paris*, 1769.

Pratique (la) univerfelle, pour la renovation des terriers & des droits Seigneuriaux, conte-nant les queftions les plus importantes fur cette matiere & les décifions, tant pour les pays cou-

tumiers, que ceux régis par le droit écrit, par
de Freminville. 5 vol. in 4. *Paris*, 1762.

Précis analytique du traité général des Grains,
par Bequillet. in 8. *Paris*, 1779.

Précis de l'Hiftoire Sacrée, par démandes & réponfes, à l'ufage de la jeuneffe, par l'Auteur de
la connoiffance de la Mythologie. in 12. *Paris*,
1781.

Précis hiftorique & expérimental des Phénomenes
électriques, depuis l'origine de cette découverte
jufqu'à ce jour, par Sigaud de la Fond. in 8.
avec fig. *Paris*, 1781.

Précis Hiftorique des faits rétifs, où Magnetifine
animal jufques en Avril 1781, par M. Mefiner
Docteur, ouvrage traduit de l'Allemand. in 8.
Londres, 1781.

Précis de l'Hiftoire univerfelle, avec des réfléxions,
par l'Abbé Berardier de Batant. *Paris*, 1776.

Précis de Phyfique, par Saury. 2 vol. in 12. *Paris*, 1780.

Précis du fiécle de Louis XV. par de Voltaire.
2 vol. in 12. *Maeftricht*, 1781.

Préjugés & fantaifies Militaires, par un Officier Au-
trichien. 2 vol. in 12. fig. *Kralovelhota*, 1780.

Préfervatif néceffaire à toutes les perfonnes, qui
ont les Lettres fauffement attribuées au Pape Clément XIV Ganganelli. in 12. *Deux-Ponts*, 1776.

Prêtres (les) Jugés dans les Conciles, avec les
Evêques, où réfutation du traité des Conciles en
général de l'Abbé l'Advocat. 3 vol. in 12. 1780.

Priéres. (Formulaire de) in 12. *Mons*, 1768.

—— Le même. in 12. *Lille*, 1773.

Priéres & inftructions Chrétiennes, par le P. N.
Sanadon de la Compagnie de Jefus. *Lille*, 1780.

Principes de la perfection Chrétiennes, par M. de
Befoigue. in 12. *Paris*, 1767.

Principes de la Pénitence & de la Converfion, où
Vies de Pénitens, par l'Abbé B. Docteur en Théo-

logie de la maison & société de Sorbonne. 2 vol. en un. in 12. *Paris*, 1764.

Principes (les vrais) des Fiefs en forme de Dictionnaire, par de Freminville. 2 vol. in 4. *Paris*, 1769.

Principes du droit Politique, par **J. J. Rousseau.** in 8. *Amst.* 1762.

Principes sur l'Impot, où la liberté & l'Inmunité des Hommes & de leurs travaux. in 12. *Londres*, 1775.

Principes de Morale, de Politique & de droit public, où Discours sur l'Histoire de France, par M. Moreau. 13 vol. in 8. *Paris*, 1777.

Principes de l'Art de la Guerre, ouvrage élémentaire orné des planches. in 8. *Paris*, 1779.

Principes fondamentaux de la construction des Places. in 8. *Paris*, 1775.

Principes matématiques de la Loi Naturelle. in 8. *Paris*, 1779.

Principes du Calcul & de la Géometrie, où cours complet de Mathématiques élémentaires, mises à la portée de tout le monde, par l'Abbé Para du Phanjas in 8. *Paris*, 1773.

Principes de la Littérature, par l'Abbé Batteux. 5 vol. in 12. *Paris*, 1775.

Principes de Style, où Observations sur l'Art d'Ecrire, recueillis des meilleurs Auteurs. in 12. *Paris*, 1779.

(a) Principes pour apprendre le Latin, par l'Abbé de Lannoy. in 8. *Brux.* 1768.

Principes Généraux & particuliers de la langue Françoise, par de Wailly. in 12. *Paris*, 1777.

Prise de Ste. Lucie, Drame en un acte. in 8. *Lausanne*, 1781.

Prix de la justice & de l'Humanité. in 8. *Londres*, 1777.

Procédure (la) Civile du Châtelet de Paris & de toutes les jurisdictions ordinaires du Royaume, démontrée par principes & mise en action par des formules, par Pigeau. 2 vol. in 4. *Paris*, 1779.

Procès Verbal des séances de l'assemblée provinciale de haute-Guienne, tenue à Ville-Franche, dans le mois de 7bre & 8bre 1779, avec la permission du Roi. in 4. *Ville-Franche-de-Rouerque*, 1780.

Procès Verbal de ce qui s'est passé au lit de justice, tenu par le Roi à Paris, le Samedi 12 9bre 1774. in 8. *Paris*, 1774.

Progrès des Allemands, dans les Sciences, les Belles-Lettres & les Arts, particulierement dans la Poësie, l'Eloquence & le Théatre, par le Baron de Bielfeld. IIIe. édition. in 8. *Leyde*, 1768.

Promenades (les) de Frankly, publiées par sa Sœur. in 12. *Paris*, 1773.

Prônes (les Petites) de Girard, où instructions familiéres principalement pour le peuple de la Campagne. 4 vol. in 12. *Brux.* 1769.

Prônes réduits en pratiques, pour les Dimanches & Fêtes principales de l'année, dédiés à Mg. le Cardinal de Choiseul, par Billot. 5 vol. in 12. *Lyon*, 1775.

Prônes sur le Sacrifice de la Messe, où instructions Dogmatiques, Historiques & Morales sur cet auguste Mistere, par Pierre Badoire 3 vol. in 12. *Paris*, 1777.

Prônes pour tous les Dimanches de l'année, par Chevassu. 2 vol. in 12. *Liege*, 1758.

Proneurs, (les) où la Tartuffe Littéraire, par Dorat. in 8. *Paris*, 1777.

Propheties perpétuelles, très-curieuses & très-certaines de Thomas-Joseph Moult. in 12. *Paris*, 1778.

Protestans (les) de Bontés de leurs prétentions. *Brux.* 1776.

Provinciales avec les Notes de Wendrock. 4 vol. in 12. *Amst.* 1761.

Pseaumes (les) Expliqués d'après l'Hébreu, le Chaldeèn, le Syriaque, l'Arabe, l'Ethiopien, l'Arménien, le Grec & le Latin, par l'Abbé du Coutant de la Molette, Vicaire-générale de Vienne. 4 vol. in 12. *Paris*, 1781.

Pouget (Amat.) Théologiæ Inftitutiones Catholicæ in modum Catechefeos, auctore Pouget. 14 vol. in 8. *Lovanii*, 1774.

(a) Pitifci Lexicon Latino Belgicum Wefterhovii. 2 vol. in 4. *Rotterd.* 1771.

Praxis Celebrandi miffam tum privatam tùm Solemnem, juxta ritum Romanum ftudio **R. D.** Toffani - Jofephi Romfée. 2 vol. in 12. *Leodii.* 1773.

Q.

Quadragenaire, (le) où l'Age de rénoncer aux Paffions. 2 vol. in 12. *Geneve*, 1777.

Quartiers Généalogiques des familles Nobles des Pays-Bas, par L. J. P. C. D. S. in 4. *Cologne*, 1776.

Quatre (les) Poëtiques d'Ariftote, d'Horace, de Vida, de Defpréaux, avec les traductions & rémarques, par l'Abbé Batteux. 2 vol. in 12. *Paris*, 1771.

Queftion Politique, où l'on examine fi les Réligieux rentés font utiles, où nuifibles à l'état, par **D. B. G.** . in 12. 1762.

Quintilien de l'inftitution de l'Orateur, traduite par l'Abbé Gédoyn. 4 vol. in 12. *Paris*, 1770.

Quæftiones annui Concurfus Mechlinienfis una cum Refponfionibus ab anno 1745, ufque ad annum 1781, inclufive, editio nova in 12. *Mechliniæ*, 1781.

R.

Racines Latines à l'ufage des Ecoles Royales Militaire & des Colléges de la Congrégation de l'Oratoire, par J. Villier. in 12. *Paris*, 1779.

Recherches fur le commerce, où idées rélatives aux intéréts des différens peuples de l'Europe. 3 vol. in 8. *Amft.* 1778.

Recherches & confidérations fur la population de la France, par Moheau. in 8. *Paris*, 1778.

Recherche

Recherche de la vérité, par N. Malebranche Prêtre
de l'Oratoire. 4 vol. in 12. *Paris*, 1762.

Recherches sur les Caufes particulieres des Phéno-
mènes Eléctriques , par l'Abbé Nollet, nouvelle
édition. in 12. *Paris*, 1754.

Recherches Philofophiques fur les Amériquains,
par De P. ***. 3 vol. in 12. *Paris*, 1771.

Recherches (Nouvelles) fur la fcience des Médailles , Infcriptions & Hieroglyphes antiques , par
Poifinet de Sivry. in 4. *Mueftricht*, 1778.

Récit de ce qui s'eft obfervé aux-Funérailles de
Marie-Thérele Impératrice d'Autriche. *Brux.* 1781.

Récit du Voyage de S. M. l'Empereur Jofeph II,
dans les Pays-Bas l'année 1781 , IIe. édition. in 12.
Malines.

Récréations des Dames , propres à égayer l'efprit.
in 12. *Paris*, 1778.

Récréations (mes) Dramatiques , où choix des
principales Tragédies du grand Corneille. 4 vol.
in 8. *Paris*, 1780.

Récréations Phyfiques, Economiques & Chimiques
de M. Model, traduit de l'Allemand par Parmentier. 2 vol. in 8. *Paris*, 1774.

Recueil des Prieres journalieres, in 12. *Brux.* 1779.

(a) Recueil Chronologique de tous les Placcarts,
qui fe trouvent dans les Placcarts de Brabant &
de Flandre & dans Chriftyn Jurifprudentia He-
roïca, touchant la matiere Héraldique, comme
auffi de ceux émanés jufqu'en 1779. in 4. *Brux.* 1781.

Recueil par ordre alphabétique des principales
Queftions de Droit , par Bretonnier Avocat au
Parlement, IVe. édition. 2 vol. in 12. *Paris*, 1771.

Recueil des Confultations de Roland François Way-
mel du Parcq. in 4. *Lille*, 1775.

Recueil de Jurifprudence civile du Pays de droit
Ecrit & Coutumier , par ordre alphabétique ,
par Me. Guy du Roufleau de la Combe. IVe.
édition. in 4. *Paris*, 1769.

Recueil de Jurifprudence , Canonique & Bénéficiale,

par ordre alphabétique , par Guy du Rouffeau
de la Combe , nouv. édition corrigée & augmentée. in folio. *Paris* , 1771.

Recueil des piéces qui ont paru concernant la
mort de l'Impératrice d'Autriche. in 8. *Mons*, 1781.

Recueil Généalogique des Familles originaires des
Pays-Bas où y établies. 2 vol. in 8. *Rotterd.* 1778.

Recueil alphabétique de Prognoftics dangereux
& mortels , précédé d'une explication des maladies par M** , nouvelle édition. in 12. *Paris* , 1770.

Recueil d'Opufcules Littéraires , avec un difcours
de Louis XIV à Monfeigneur le Dauphin. in 12.
Amft. 1767.

Recueil des Monnoies , tant anciennes que modernes , où Dictionnaire Hiftorique des Monnoies ,
qui peuvent être connues dans les quatre parties
du monde , avec leur poids , titre & valeur par
de Salzade. in 4. *Brux.* 1767.

Recueil de Penfées , de Difcours & de Converfations de feu Louis du Four de Louguerue
Abbé de Sept Fontaines. in 12. *Berlin* , 1754.

Recueil de Sceaux du moyen âge dits Sceaux Go-
thiques. in 4. *Paris* , 1779.

Recueil de piéces intéreffantes fur les deux Queftions célébres. in 12. *Deux-Ponts* , 1779.

Recueil de Poëfies , par le Marquis de Lucher. in 8.
Londres , 1777.

Recueil de Poëfies fugitives & Contes nouveaux.
Londres , 1781.

Recueil de nouveaux Contes amufans. 2 vol. in 12.
Londres , 1781.

Recueil de Contes & de Poëmes , par Dorat. in 12.
Paris , 1775.

Recueil complet d'Ariettes. 2 vol. in 12.

Recueil fans Prétention. 2 vol. in 12. *Paris* , 1780.

Réfléxions Chrétiennes. in 12. *Malines* , 1780.

Réfléxions théologiques , morales & affectives fur
les attributs de Dieu , par le R. P. Avrillon. in 12.
Paris , 1705.

Réfléxions, Sentimens & Pratiques sur la divine Enfance de Jesus-Christ. in 12. *Paris*, 1709.

Réfléxions morales de l'Empereur Marc Antonin, avec des remarques, nouvelle édition. 2 vol. in 12. *Bouillon*, 1772.

Réfléxions politiques, générales & particulieres sur la Guerre d'Allemagne, en 1778 & sur la Paix en 1779. in 12. *Amst.* 1780.

Réfléxions critiques & patriotiques sur différens sujets, IIIe. édition. in 12. *Paris*, 1780.

Réfléxions impartiales sur l'Amérique, trad. de l'Anglois. in 8. *Paris*, 1781.

Réfléxions sur le premier âge de l'Homme, par de Bonneval. in 12. *Paris*, 1751.

Réfléxions sur les grands Hommes, qui font morts en plaifantant, nouvelle édition. in 12. *Amst.* 1774.

Réfléxions sur l'Efclavage de Neigres, par Schwartz. in 8. *Neuchatel*, 1781.

Régles (les) du droit Canon, par J. B. Dantoine, nouv. édition. in 4. *Liége*, 1772.

———— Du droit Civil, par le même. in 4. *Liége*, 1772.

Rélation abrégée d'un Voyage, fait dans l'intérieur de l'Amérique Méridionale, par de la Condamine, nouv. édition. in 8. *Maeftricht*, 1778.

Rélation d'un voyage dans la Mer du Nord aux côtes d'Irlande, de Groenland, de Fero, de Schettland, des Orcades & de Norwège, fait en 1767 & 1768, par de Kerguelen Trémarec. in 4. avec fig. *Amst.* 1772.

Rélation hiftorique de l'expédition contre les Indiens de l'Ohio en 1764, traduit de l'Anglois par C. G. F. Dumas, enrichi de cartes en taille-douces, in 8. *Amst.* 1769.

Rélation véridique, qui à l'air d'un Songe. in 12. *Geneve*, 1779.

Réligion (de la) par un Homme du monde. 5 vol. in 8. *Paris*, 1778.

(a) Remarques fur le Commentaire de L. le Grand,

fur la Coutume de Troyes à l'ufage des Pays-Bas Autrichiens. in fol. *Brux.* 1777.

Remarques fur Cicéron, par le Préfident Bouhier, nouv. édition. in 12. *Paris*, 1767.

Rémerciement à l'Auteur de l'année Littéraire. in 12. *la Haye*, 1777.

Rémontrances & réclamations des Parlemens du Royaume, fur l'édit de xbre. 1770 fur la deftruction du Parlement de Paris & l'établiffement des Confeils fupérieurs. 2 vol. in 8. *Londres*, 1773.

Rendés-vous (le) du Parc de Bruxelles. in 12.

Répentir, ou Confeffion publique de Voltaire in 8. *Laufanne*, 1771.

Réponfe de Pinto aux obfervations d'un Homme impartial. in 8. *la Haye*, 1776.

Réponfe du fieur Bourboulon, Officier employé dans les Finances de Mgr. le Comte d'Artois, au Compte rendu au Roi par Necker Directeur générale des Finances, on y a joint le comment & le pourquoi. in 12. *Londres*, 1781.

Répos (le) de Cyrus, ou l'Hiftoire de fa Vie, depuis fa XVIe. année jufqu'a fa XXXXe, nouvelle édition ornée de Figures. in 12. *Paris*, 1762.

République (la) Romaine, où plan générale de l'ancien Gouvernement de Rome, par de Beaufort. 6 vol. in 12. *Paris*, 1767.

République (la) des Jurifconfultes, ouvrage de Geunaro Avocat, traduit par l'Abbé Dinouart. in 12. *Paris*, 1768.

Reffources (les) de la Vertu, par l'Auteur des Mémoires de Milady B***. 2 vol. in 12. *Paris*, 1782.

Rétraite de dix jours, à l'ufage de Mrs les Eccléfiaftiques & des Réligieux, par l'Abbé ***. in 12. *Paris*, 1774.

Rêvêries d'un Amateur du Colifée, où les Femmes fans Dot. in 8. *Paris*, 1776.

Rêvêries d'un Suiffe. in 8. *Londres*, 1781.

Rêves. (mes) in 12. *Amft.* 1772.

Révolutions d'Italie , traduites de l'Italien de M. Denina, par l'Abbe Jardin. 8 vol. in 12. *Paris*, 1771.

Révolutions (les) d'Angleterre , depuis le commencement de la Monarchie , par le Pere d'Orléans de la Compagnie de Jefus , nouvelle édition. 4 vol. in 12. *Paris*, 1767.

Révolutions (les) de Corfe , depuis fes premiers habitans jufqu'à nos jours, par l'Abbé de Germanes Vicaire générale de Rennes. 2 vol. in 12. *Paris* , 1771.

Rhétorique, (la) où l'art de parler , par le R. P. Bernard Lamy Prêtre de l'Oratoire. in 12. *Leide* , 1780.

Rhétorique Françoife , par Crevier Profeffeur 2 vol. in 12. *Paris* , 1767.

Rhétorique Françoife à l'ufage des jeunes Demoifelles , IVe. édition. in 12. *Avignon* , 1766.

Richardet Poëme. in 12. 2 vol. *Londres* , 1781.

Richeffe (la) de la Hollande , ouvrage dans lequel on expofe l'origine du Commerce & de la puiffance desHollandois &c. 5 vol. in 12. *Londres*, 1778.

Rituel du Diocèfe de Soiffons. 2 vol. in 4. *Paris*, 1753.

Roger Bon-temps en Belle humeur, par de Roquelaure. 2 vol. in 12. *Amft.* 1781.

Roland Furieux Poëme héroique de l'Ariofte, traduction nouvelle par M. ***. 3 vol. in 12. *Amft.* 1776.

Roland Furieux, nouvelle traduction par le Comte de Treffan. 5 vol. in 12. *Paris* , 1780.

Rollin Hiftoire ancienne des Egyptiens , des Carthaginois , des Affyriens, des Babyloniens, des Médès & desPerfes, desMacedoniens & des Grecs. 6 vol. in 4. *Paris* , 1740.

------ Des Empereurs Romains depuis Augufte jufqu'à Conftantin, par Crevier. 6 vol. in 4. *Paris* , 1752.

------ HiftoireRomaine. depuis la fondation deRome jufqu'à laBataille d'Actium.8 vol. in 4.*Paris*, 1752.

—————— De la maniere d'enseigner & étudier les Belles-Lettres , par rapport à l'esprit & au cœur. 2 vol. in 4. *Paris* , 1740.

Romances par Berquin. in 12. *Paris* , 1776.

Roman Comique , par Scarron , nouvelle édition. 3 vol. in 12. *Amst.* 1778.

Romans , Contes & autres Œuvres de Devoisenon de l'Académie Françoise. in 12. *Londres* , 1777.

Romans & Contes, de Voltaire. 3 vol. in 8. avec fig. *Bouillon* , 1778.

Rousseau jugé de Jean-Jacques. in 8. *Lichfield* , 1780.

Regula Cleri ex Sacris litteris, sanctorum Patrum monimentis, ecclesiasticisque sanctionibus excerpta in 12. *Lovanii* , 1775.

(a) Richart Pastor primitivus. 2 vol. in 8. *Leodii* , 1726.

S.

Saisons (les) Poëme , trad. de l'Anglois de Thompson. *Londres* , 1779.

Satyre au Comte de Bissi , par Robbé de Beauvesert , 1776.

Satyre Ménippée de la vertu du Catholicon d'Espagne & de la tenue des Etats de Paris , derniere édition. 3 vol. in 12. avec fig. *Ratisbonne* , 1726.

Sauve-garde (la) des Abeilles & les manœuvres des Ruches en hausses de paille , par M. M. de Cuinghien. in 12. *Bouillon* , 1771.

Science (la) du bon Homme Richard , traduit de l'Anglois. in 12. *Paris* , 1777.

Science (la) du Gouvernement , ouvrage de morale , de droit & de politique , qui contient les principes du commandement & de l'obéissance &c , par de Réal. 8 vol. in 4. *Paris*, 1765.

Science (la) du Maître d'Hôtel cuisinier , avec des observations sur la connoissance & les propriétés des aliments , nouv. édition. in 12. *Paris* , 1776.

Science (la) des Négocians & teneurs de Livres ,

où inftruction générale pour tout ce qui fe pratique dans le Commerce, par de la Porte Profeffeur. in 8. *Amft.* 1781.

Science (la) du bon Homme Richard, où moyen
facile de payer les Impôts. in 12. *Philadelphie*, 1777.

Secrétaire de la Cour en Italien. in 12. 1755.

Secrétaire (le nouveau) de la Cour, où lettres familieres fur toutes fortes de fujets avec des réponfes, nouvelle édition. in 12. *Paris*, 1778.

Secrétaire (le nouveau) du Cabinet. in 12. *Lille*,
1779.

Sermons du Pere Bourdaloue de la Campagnie de
Jefus, nouv. édition. 15 vol. in 12. *Liege*, 1773.

Sermons de Maffillon Evêque de Clermont. 13 vol.
in 12. *Paris*, 1776.

Sermons où Difcours fur différens fujets de Piété &
de Réligion, par le Pere le Chapelain Prédicateur
de LL. MM. II. 6 vol. in 12. *Paris*, 1768.

Sermons de l'Abbé Poulle, Prédicateur du Roi. 2
vol. in 12. *Paris*, 1778.

Sermons du Pere Charles Frey de Neuville. 8 vol.
in 12. *Paris*, 1776.

——— Le mêmes. 2 vol. in 12. *Rouen*, 1778.

Sermons de M. Defurian. in 12. *Paris*, 1778.

Sermons préchés à la Miffion Françoife d'Amfterdam. 3 vol. in 12. *Paris*, 1774.

Sermons nouveaux fur les matieres les plus intéreffantes de la Réligion, par M. P***. 9 vol.
in 12. *Avignon*, 1775.

Sermons pour l'Avent, Carême, Myftere & Panè-
gyrique, par l'Abbé Clément. 9 vol. in 12. *Paris*, 1770.

Sermons pour l'Avent, le Carême & les principales Fêtes de l'année; préchés par le R. P. Griffet. 4 vol. in 12. *Rouen*, 1773.

Sermons fur les Myfteres & fur la morale, par l'Abbé
Pleuvri. in 12. *Paris*, 1778.

Sermons fur différens fujets. 2 vol. in 12. *Lyon*,
1767.

Sermons nouveaux sur les vérités les plus intéref-
    fantes de la Réligion, nouv. édition. 3 vol. in 12.
    Avignon, 1776.
Sermons du **R. P. Perrin**, fur la morale & fur les
    myfteres. 3 vol. *Rouen*, 1779.
Shakefpeare, traduit de l'Anglois dédié au Roi.
    11 vol. in 8. *Paris*, 1776.
Sidney & Volfan Hiftoire Anglaife. in 8. avec fig.
Siecles (les trois) de Littérature Françoife, où
    Tableau de l'Efprit de nos Ecrivains, depuis
    François I jufqu'en 1773 , par l'Abbé S***. de
    Caftres , nouvelle édition. 4 vol. in 12. *Paris*,
    1781.
Siecles (les) Chrétiens, où Hiftoire du Chriftianif-
    me dans fon établiffement & fes projets, par M.
    l'Abbé ***. 9 vol. in 12. *Paris*, 1775.
Siecle de Louis XIV, auquel a joint un précis du
    Siecle de Louis XV, nouv. édition. 3 vol. in 12.
    Laufanne, 1780.
—— Le même en 4 vol. in 12. édition de Paris.
Siécle de Louis XV, fervant de fuite au Siecle de
    Louis XIV, par le même Auteur. in 12. *Gene-
    ve*, 1769.
Simplifications utiles, où récherches Pfychologiques
    de J. Braghaards. in 8. *Utrecht*, 1781.
Socrate (le) Ruftique, où Defcription de la con-
    duite économique & morale d'un pays au Phi-
    lofophe , traduit de l'Allemand de Hitzel Méde-
    cin. 2 vol. in 12. *Laufanne*, 1777.
Soldat parvenu, (le) ou Mémoires & Avantu-
    res de Verval dit Belle Rofe, par M. de M. ***.
    4 vol. in 12. *la Haye*, 1779.
Soliloques, (les) les Méditations & le Manuel de
    St. Auguftin, trad. nouvelle. IVe. édition. in 12.
    Paris, 1707.
Songes (les) Phyfiques, où divers queftions pra-
    blématiques , avec les différentes réponfes , ré-
    pliques, où réfutations qui ont été faites fur
    chacune de ces queftions. in 8. *Amft*. 1771.

Sottifes (les) & les Folies Parifiennes , avantures divers &c. 2 vol. in 12. *Paris* , 1781.

Souverains (les) du Monde , ouvrage qui fait con- noître la Généalogie de leurs Maifons &c. 4 vol. in 12. *Paris* , 1718.

Spectacle (le) de la Nature , où entretiens fur les particularités de l'Hiftoire Naturelle , qui ont paru le plus propres à rendre les jeunes gens curieux & à leur former l'efprit , nouv. édition. 11 vol. in 12. compris l'Hiftoire du Ciel. *Paris* , 1771.

Stances fur l'Evangile , divifées en fix chants avec des Cantiques à l'ufage de la jeuneffe chrétienne , par l'Abbé de la Perouze. in 12. *Paris* , 1771.

Suite de la Diatribe Clémentine , où nouvelles ré- fléctions fur le tome troifième de l'ouvrage in- titulé : Lettres intérreffantes du Pape Clément XIV. in 12. *Avignon* , 1777.

Synonymes François , leurs différentes fignifications & le choix qu'il en faut faire pour parler avec jufteffe , par l'Abbé Girard , nouvelle édition. 2 vol. in 12. *Liege* , 1775.

Syftême de Philofophie morale de Hutchefon , traduit de l'Anglois , par M. E. ***. 2 vol. *Lyon* , 1770.

Syftême (nouveau) Typographique , où moyen de diminuer de moitié , dans toutes les Impri- méries de l'Europe , le travail & les fraix de compofition &c , par Me. De ***. in 4. *Paris* , 1776.

Sanderi (Antonii) Chorographia Sacra Brabantiæ. 3 vol. in folio. fig. *Hagæ Comitum* , 1727.

————— Flandria Illuftrata, five Provinciæ ac Comi- tas hujus defcriptio. 3 vol. in folio. fig. *Hagæ Comitum* , 1735.

Schrevelii (Cornel.) Lexicon manuale Græco La- tinum , editio noviffima. in 8. *Parifiis* , 1779.

Senfus Litteralis, Moralis ac Hiftoricus Rituum ac Cæremoniarum Miffæ. in 12. *Leodii* , 1778.

Septem Tribus Patriciæ Lovanienfes, editio emendatior & auctior ufque ad annum 1754. in 12. *Lovanii*, 1754.

Silii Italici de Bello punico fecundo, Poëma ad fidem veterum monimentorum caftigatum, fragmento auctum operis integri, editio princeps, curante Joan Bapt. le Febvre de Villebrune. in 12. *Parifiis*, 1781.

Struvii (Burc. Gott.) Jurifprudentia Feudalis ex jure Germanico, Longobardico, Legibus Imperii & Moribus, curiarum feudalium hodiernis demonftrata & variis obfervationibus illuftrata, cum appendice formularum feudalium hodie ufitarum. in 12. *Jenae*, 1767.

T.

Table analytique & raifonnée des matieres, contenues dans les 33 vol. in folio du Dictionnaire des Sciences, des Arts & des Métiers & dans fon Supplément. 2 vol. in folio. *Paris*, 1780.

Table alphabétique & raifonnée des caufes célébres & intéreffantes, qui ont paru jufqu'à la fin de 1776 inclufivement. in 12. *Paris*, 1777.

(a) Tables alphabétiques, pour fervir à l'ouvrage du Baron le Roi, intitulé Notitia Marchionatus S. R. I. in fol. *Brux*. 1781.

Tables Hiftoriques, Géographiques & Généalogiques, contenants l'Hiftoire du peuple de Dieu, de la France, de la Lorraine, de l'Autriche, de l'Egypte, des Affyriens, des Babïloniens & Caldéens. in folio. *Nancy*, 1771.

Tableau de l'Hiftoire de l'Eglife, contenant les événements les plus intéreffants. 4 vol. in 12. *Paris*, 1773.

Tableau de la Mort, par l'Auteur de la Jouiffance de foi-Même. in 12. *Francfort*, 1761.

Tableau du meilleur Gouvernement poffible, ou l'Utopie de Thomas Morus Chancelier d'Angle-

terre, nouv. édition par M. T. Rousseau. in 12.
Paris, 1780.
Tableau de l'Histoire Générale des Provinces-Unies,
par A. M. Cerisier. 7 vol. in 12. 1777.
Tableau de l'Histoire moderne, depuis la chutte de
l'Empire d'Occident jusqu'à la paix de Westpha-
lie, nouv. édition. 3 vol. in 12. Paris, 1778.
Tableau de l'Isle de Minorque, où description générale & particuliere de cette Isle. in 8. Paris,
1781.
Tablettes Chronologiques de l'Histoire universelle
sacrée & profané, ecclésiastique & civile, depuis
la création du monde jusqu'à l'an 1775, avec
des réfléxions sur l'ordre qu'on doit tenir & sur
les ouvrages nécessaires pour l'étude de l'Histoire,
par M. l'Abbé Lenglet du Fresnoy, nouvelle
édition revue corrigée & augmentée, par J. I.
Barbeau de la Bruyére. 2 vol. in 12. Paris, 1778.
Tablettes Dramatiques, contenant l'abrégé de l'Histoire du Théâtre François, par M. le Chevalier
de Mouhy. in 12. Paris, 1763.
Tablettes des Postes de l'Empire d'Allemagne, par
François Joseph Heger. in 12. Mayence.
Tacite, avec des Notes Politiques & Historiques,
par Amelot de la Houssaye. 4 vol. in 12. Paris,
1764.
Tactique de M. de Voltaire. in 8.
Teinturier (le) parfait, nouv. édition augmentée,
où l'on donne une idée générale de l'art de Tein-
dre &c. in 12. Brux. 1772.
Temple (le) du Bonheur, où recueil des plus
excellens traités sur le Bonheur, nouv. édition.
4 vol. in 12. Bouillon, 1770.
Testament. (nouveau) 2 vol. in 12. Paris, 1752.
------ Le même, par Mr. Mésengny. in 12. Paris, 1754.
Testament Spirituel, où derniers adieux d'un mou-
rant à ses Enfans, ouvrage posthume du Cheva-

lier de ***. Auteur des fentimens affectueux &
de la Réligion du Cœur. in 12. *Marfeilles*, 1776.
Teftament Politique de M. de V-**. *Geneve*, 1774.
Teftament Politique de l'Angleterre. in 12. *Philadelphie*, 1780.
Théâtre de P. Corneille, avec des Commentaires &
autres morceaux intéreffans, nouv. édition aug-
mentée. 10 vol. in 8. avec fig. 1776.
Théâtre de M. Marmontel. 2 vol. in 8. *Liege*, 1777.
Théâtre à l'ufage des jeunes perfonnes, par Md.
de Janliffe. 4 vol. in 8. *Paris*, 1780.
Théâtre de Société, par l'Auteur du Théâtre à l'u-
fage des jeunes perfonnes. 2 vol. in 12. *Paris*,
1781.
Théâtre des Boulevards, où recueil de Parades. 3
vol. in 12. *Mahon*, 1756.
Théâtre complet & Œuvres diverfes de M. Barthe.
2 vol. in 12. *Paris*, 1779.
Théâtre de M. Favart, ou recueil des Comédies,
Parodies & Opéra Comiques qu'il a données juf-
qu'à ce jour. 10 vol. in 8. *Paris*, 1763.
Théâtre de Campagne, par l'Auteur des Proverbes.
Dramatiques. 4 vol. in 8. *Paris*, 1775.
Théologie familiere, où nouvelle expofition de la
Doctrine Catholique, par démandes & réponfes.
in 8. *Liege*, 1775.
Théorie des Loix de la Nature, où la Science des
caufes & des effets fuivie d'une differtation fur
les Pyramides d'Egypte, par Paucton. in 8. *Paris*, 1781.
Théorie (la) du Jardinage, par l'Abbé Roger Schabol. in 12. *Paris*, 1771.
Théorie de l'intérêt de l'Argent, contre l'abus de
l'imputation d'ufure. in 12. *Paris*, 1780.
(a) Toifon d'Or, (Maufolée de la) où les Tombeaux des Chefs & des Chevaliers. in 8. *Amft.*
1689.
(a) Toifon d'Or, (Statuts & Ordonnances de la)
in 8. *Cologne*, 1689.

Traduction des Pfeaumes de David, felon la nouvelle Verfion Latinè du Texte Hebreu. in 12.
Lyon, 1767.

Traduction du Difcours que Mr Sonnenfels, pro-
nonça après la Mort de Marie-Thérèfe. in 8.
1781.

Traduction (nouvelle) de quelques Odes de Pin-
dare, par Vauvilliers. 2 vol. in 12. *Paris*, 1776.

Traduction (nouvelle) de Roland l'Amoureux de
Matheo Maria Boyardo Comte de Seandiano, par
M. le Sage, nouvelle édition. 2 vol. in 12. *Pa-
ris*, 1776.

Traduction en Profe de Catulle, Tibulle & Gallus,
par l'Auteur des Soirées Helvétiennes & des Tableaux. 2 vol. in 12. *Paris*, 1771.

Traité des devoirs de la vie Réligieufe, dans lequel on réfout les principaux cas de Confcience
qui regarde cette matiere, par Collet. 2 vol.
in 12. *Lyon*, 1773.

Traité de Sacrifice de Jefus - Chrift. 3 vol. in 12.
Paris, 1778.

Traité de l'Expofition du St. Sacrement de l'Autel, par J. B. Thiers Docteur, IVe. édition. 2
vol. in 12. *Avignon*, 1777.

Traité des Superftitions, qui regardent les Sacremens felon l'Ecriture Sainte, par M. Jean Bap-
tifte Thiers Docteur, IVe. édition. 4 vol. in 12.
Avignon, 1776.

Traité de la joie de l'Ame Chrétienne, par le P.
Ambroife de Lombez Capucin. in 12. *Paris*, 1779.

Traité du Pain-Béni, où l'Eglife Catholique juftifiée
fur l'ufage de Pain-Béni, par le R. P. Nicolas
Colin Docteur. in 12. *Paris*, 1777.

Traité Hiftorique & Dogmatique de la vrai Réligion, par M. Bergier. 12 vol in 12. 1780.

Traité du Refpect dû aux Eglifes, par le R. P. Nicolas Collin Docteur. in 12. *Paris*, 1781.

Traité des Indulgences & du Jubilé, par Meffire
Jacques-Ben. Boffuet. in 12. *Louvain*, 1776.

Traité de Tertullien contre les Spectacles. in 12. *Paris*, 1776.

Traité du Gouvernement spirituel & temporel, des paroisses, par M. J ***. Conseiller au Présidial d'Orléans. in 12. *Paris*, 1774.

(a) Traités de l'Aliénation & de la Prescription des biens de l'Eglise, de la Dixme &c, par Dunod. in 12. *Dyon*, 1730.

Traité du Pouvoir des Evêques, traduit du Portugais d'Antonio Pereira. in 8. 1772.

Traité Historique & Chronologique des Dixmes, suivant les Conciles, par M. Michel du Perray, nouvelle édition augmentée par M. Louis Brunet. 2 vol. in 12. *Paris*, 1738.

Traité Historique de l'origine & nature des Dixmes, par M. E. D. L. P. D. F. in 12. *Paris*, 1762.

Traité de la disposition forcée des Bénéfices, par l'Abbé Rathier Avocat au Parlement. 3 vol. in 12. *Paris*, 1780.

Traité du Mariage & de sa Législation, par M. P. de T. in 8. *la Haye*, 1776.

Traité de l'autorité des Parens sur le Mariage des Enfans de Famille, par M. V. J. R. A. E. P. in 8. *Londres*, 1773.

Traité de la Communauté entre Mari & Femmes, avec un traité des Communautés, où sociétés Tacites, par Maître Denis le Brun, ouvrage posthume, nouv. édition. in folio. *Paris*, 1765.

Traité des loix Civiles, par M. de P. de T. 2 vol. in 8. *la Haye*, 1774.

Traité de la Jurisdiction des Présidiaux, tant en matiere Civile que Criminelle, nouv. édition, par M ***. Conseiller au Présidial d'Orléans. in 12. *Paris*, 1775.

Traité de l'Abus & du vrai sujet des Appellations qualifiées du nom d'Abus, par Charles Fevret, nouvelle édition corrigée & augmentée de savantes notes. in folio. *Lausanne*, 1778.

Traité de la vente des immeubles, par decret avec

un recueil des Edits, Déclarations & Réglemens des Cours Souveraines sur ce sujet, nouv. édition augmentée par Louis de Hericourt. in 4. *Paris*, 1771.

Traité des Testamens, Codiciles, donations a cause de mort & autres dispositions de derniere volonté, par Me Jean Baptiste Furgole, nouv. édition. 3 vol. in 4. *Paris*, 1779.

Traité des Successions, divisé en quatre livres par feu M. Denis le Brun, nouvelle édition, augmentée par M. ***. in follo. *Paris*, 1775.

(a) Traités de la Répréfentation du double Lien & de la regle, *Paterna Paternis Materna Maternis*, par Guyné. in 8. *Brux.* 1773.

Traité des Subftitutions fidei Commiffaires, contenant toutes les connoiffances effentielles, felon le droit Romain & le droit François, par M. Thévenot d'Effaule de Savigny. in 4. *Paris*, 1778.

Traité des droits appartenans aux Seigneurs fur les biens poffédés en Roture, avec l'application des coutumes, des décifions du Confeil & des Arrêts de la Cour &c. par M. Preudhomme. in 4. *Paris*, 1781.

Traité des droits Seigneuriaux & des matieres Féodales, par M. de Boutaric, nouv. édition augmentée par M ***. in 4. *Touloufe*, 1775.

Traité du droit Commun des Fiefs, par un ancien Confeiller au Parlement. 2 vol. in 12. *Paris*, 1776.

Traité des différentes efpéces de biens, avec un traité des actions &c. par le Cocq. 4 vol. in 12. *Caen*, 1777.

Traité des matieres Criminelle, fuivant l'Ordonnance du mois d'Août 1670, & les Edits, Déclarations du Roi, Arrêts & Réglemens intervenus jufqu'à préfent, par Me. Guy du Rouffeaud de la Combe. VIe. édition. in 4. *Paris*, 1769.

Traité des Injures dans l'Ordre Judiciaire, ouvrage qui renferme particulierement la Jurifprudence du petit-Criminel, par Me. F. Dareau. in 12. *Paris*, 1775.

Traité des Majoritez, coutumieres & d'Ordonnances, par M. ***. ancien Avocat au Parlement. in 12. *Paris*, 1729.

Traité général du Commerce, contenant des obſervations ſur le Commerce des principaux Etats de l'Europe &c, par Samuel Ricard, édition augmenté par M. de M. ***. 2 vol. in 4. *Amſt.* 1781.

Traité des Richeſſes, contenant l'Analyſe de l'uſage des Richeſſes en général & de leurs valeurs &c. 2 vol. in 8. *Londres*, 1781.

Traité des Subſiſtances & des grains qui ſervent à la nourriture de l'Homme, contenant les principes ſur la connoiſſance & l'achat des grains, leurs qualités, culture & uſage, leurs maladies, leurs conſervation, l'Hiſtoire des greniers d'Abondance &c, par M. Bequillet. 6 vol. in 8. avec planches. *Paris*, 1780.

Traité des Changes, où réduction générale des Monnoies, par M. L. P. Cornet Arithméticien. in 12. *Liege*, 1748.

Traités des Changes étrangers, contenant le Pair, où la valeur intrinſeque de l'Ecu de 60 ſols de France, rélativement aux Monnoies de Change des principales villes de l'Europe &c, par le ſieur Dernis. in 4. *Paris*, 1726.

Traité des parties Doubles, où méthode aiſée pour apprendre à tenir en parties Doubles, les livres du Commerce & des Finances, par Barreme. in 8. *Paris*, 1721.

Traité ſur la Mendicité, avec le projet d'un réglement propre à l'empêcher, dans les villes & villages. in 8. *Liege*, 1775.

Traité de Paix entre le Roi, l'Empereur & l'Empire, conclu à Vienne le 18 9bre 1738. in 4. *Strasbourg*, 1739.

Traité de Loix de Cicéron, traduit par M. Morabin avec des notes. in 12. *Paris*, 1777.

Traité

Traité des Délits & des Peines, traduit de l'Italien, par M. C. D. L. B. in 12. *Paris*, 1773.

Traité des Loix Politiques des Romains du temps de la République, par de Pilati de Taffulo. 2 vol. in 8. *la Haye*, 1780.

Traité sur le bonheur public, par M. Louis-Antoine Muratori Bibliothécaire du Duc de Modene. 2 vol. in 12. *Lyon*, 1772.

Traité du vrai mérite de l'Homme, confidéré dans tous les âges & dans toutes les conditions, avec des principes d'éducation, par le Maître de Claville. 2 vol. in 12. *Liege*, 1749.

Traité fur d'éducation Morale, par Formey. in 12. *Liege*, 1773.

Traité d'éducation Morale, qui à remporté le prix de la Société de Sciences de Hariem, l'an 1765 fur cette queftion, comment on doit Gouverner.

Traité fur l'éducation pour fervir de Supplément à l'Emile, par J. J. Rouffeau. in 12. *Neuchatel*, 1770.

Traité de la Politeffe & de l'Etude. in 12. *Paris*, 1757.

(a) Traités de Phyfique, par Deflandes, avec fig. in 8. *Brux.* 1736.

Traité Economique & Phyfique des Oifeaux de Baffe-Cour, par Buchoz. in 12. *Liege*, 1777.

Traité d l'Electricité, dans lequel on expofe & on démontre par expérience, toutes les découvertes électriques faites jufqu'à ce jour, par M. Sigaud de la Fond Profeffeur. in 12. *Paris*, 1776.

Traité des Arbres Fruitiers, extrait des meilleurs Auteurs, par la Société Œconomique de Berne, traduit de l'Allemand, in 12. *Tverdon*, 1768.

Traité des Arbres Réfineux coniféres, extrait & traduit de l'Anglois de Miller. in 8. *Metz*, 1768.

Traité des Jardins, où le nouveau de la Quintinye, contenant 1°. la defcription & la culture des Arbres Fruitiers, 2°. des plantes Potagers, 3°. des Fleurs. 4°. des Arbres & Arbriffeaux

I

d'ornement, par **M. L. B *****. 2 vol. in 8. *Paris*, 1775.

Traité du Plantage & de la culture des principales plantes Potagères, traduit de l'Allemand. in 12. *Yverdon*, 1768.

Traité fur la connoiffance & la Culture des Jacintes, par l'Auteur du Traité des Rénoncules. in 12. *Avignon*, 1759.

Traité de la Culture des Pêchers, nouv. édition. in 12. *Paris*, 1770.

Traité des Diamants & des Pêrles, par David Jeffries. in 8. *Paris*, 1753.

Traité raifonné de la Diftillation, où la Diftillation réduite en principes, par **M. Déjaen** Diftillateur, IVe. édition augmentée par l'Auteur. in 12. *Paris*, 1777.

Traité des Odeurs, fuite du traité de la Diftillation, par **M. Déjean** Diftillateur in 12. *Paris*, 1777.

Traité des Extrêmes, où Elémens de la Science de Réalité, par **M. Changeux**. 2 vol. in 12. *Amft.* 1767.

Traité de Mathématiques de **M. Benjamin Robius**, contenant fes nouveaux principes d'Artillerie, traduit de l'Anglois, par **M. Dupuy** fils. in 8. *Grenoble*, 1771.

Traité de l'Arpentage & du Toifé, par feu **M. Ozanam** de l'Académie Royale des Sciences. nouv. édition. in 12. *Paris*, 1779.

Traité de la Peinture, par Leonard Devinci, nouvelle édition augmentée de la vie de l'Auteur. in 12. *Paris*, 1716.

Traité du jeu de Whift, nouv. édition. in 12. *Liege*, 1779.

(a) Traité de Géographie à l'ufage des jeunes gens. in 12. *Brux.* 1748.

Traité des différentes fortes de preuves, qui fervent à établir la vérité de l'Hiftoire, par le **R. P. Henri Griffet**, nouvelle édition. in 12. *Rouen*, 1775.

Traité élémentaire fur la Grammaire Françoife, à l'ufage des habitans des fept Provinces Unies, par Fréderic Rainville. in 8. *Rotterdam*, 1778.

Traité de l'Ortographe Françoise, en forme de Dictionnaire, nouv. édition revue & corrigée par M. Reftaut. in 8. *Poitiers*, 1779.

Traité de la lecture chrétienne, par **D.** Nicolas Jamin Réligieux. in 12. *Paris*, 1776.

Traité de l'Ufure, où de la pratique des Billets. in 12. *Louvain*, 1757.

Tréfor (le) du Chrétien, où Principes & fentimens propres à rénouveller & confommer le Chriftianifme dans les Ames, par M. l'Abbé Champion de Pontalier. 2 vol. in 12. *Paris*, 1778.

Triomphe (le) de l'Amour, où le Serpent caché fous les Fleurs. 2 vol. in 12. *Paris*, 1777.

Triomphe (le) de la vérité, où Mémoire de Mr. de la Villete, par Mme. le Prince de Beaumont. in 12. *Liege*, 1774.

Triomphe de l'Intolérance, où Anecdotes de la vie d'Ambroife Borely. in 8. *Londres*, 1779.

Tropes, (des) où des différens Sens, dans lefquels on peut prendre un même mot, dans une même langue, par M. du Marfais, nouv. édition in 8. *Paris*, 1757.

———— Le même IIIe. édition. in 12. *Paris*, 1775.

Trophées (les) d'Ambroife de Spinola, Général des Armées de S. M. Catholique aux Pays-Bas & en Italie. in 12. *Louvain*, 1631.

Trou (le) de Saint Patrice. in 12. *Dublin*, 1774.

Turgot (Mr) à M. Necker fur l'adminiftration des Finances. in 8. *Paris*, 1780.

Tufculanes de Cicéron, trad. par Meffieurs Bouhier & d'Olivet, nouv. édition. 2 vol. in 12. *Paris*, 1776.

Vénérie Normande, où l'école de la Chaffe aux Chiens courants pour le Lievre, le Chevreuil, le Cerf, le Dain, le Sanglier, le Loup, le Renard & la Loutre, par M. le Verrier. in 8. *Rouen*, 1778.

Véritables (des) intérêts de la Patrie. in 12. *Paris*, 1764.

Teſtamentum, (N. Jeſu Chriſt.) vulg. éditionis. in 12.
   Lutetiæ Pariſiorum , 1772.
Teſtamentum. (Novum) 2 vol. in 12. *Pariſi*. 1772.
—— Le même. in 12. *Amſt*. 1724.
Theſaurus Sacerdotum & Clericorum. in 12. *Lute-*
   tiæ , 1779.
Thomæ (Sancti) Aquinatis ſumma Théologica.
   in folio. *Pariſiis* , 1762.
(a) Tirinus in S. Scripturam. 2 vol. in fol. *Antv*. 1719.
Tractatus de vera Religione , ad uſum ſeminariorum
   & Sacræ Theologiæ alumnorum , altera editio.
   2 vol. in 8. *Lovanii* , 1775.
Tractatus de Eccleſia Chriſti ad uſum ſeminariorum ,
   Auctore L. Bailly. 2 vol. in 12. *Divione* , 1776.
Tractatus de Conciliis in genere , Auctore J. B.
   Ladvocat. in 12. *Cadomi* , 1769.
(a) Tuldeni Opera omnia juridica. 4 vol. in fol. *Lo-*
   vanii , 1702.

V.

Victime (la) mariée , où Hiſtoire de Lady Villards ,
   traduit de l'Anglois par M. A. 2 vol. *Paris* , 1775.
Victimes (les) de l'Amour , où Lettres de quelques Amans célébres , précédées d'une piéce ſur
   la Mélancolie & ſuivies d'un Poëme Lyrique,
   in 8. *Paris* , 1776.
Vie (la) de notre Seigneur Jeſus-Chriſt. 2 vol.
   in 12. *Liege* , 1778.
Vie (la) du Pape Clément XIV , (Ganganelli) par
   M. Caraccioli. in 12. *Amſt*. 1776.
Vie (la) de la vénérable Sœur de Foix de la Va-
   lette d'Epernon Réligieuſe Carmelitte. in 12. *Pa-*
   ris , 1774.
Vie (la) de S. François de Borgia , IIIe. Général
   de la Compagnie de Jeſus. 2 vol. in 12. *Lyon*.
Vie (la) de l'Abbé Raulent Ricci , dernier Général
   de la Compagnie de Jeſus , traduit de l'Italien
   in 8. *la Haye* , 1776.

Vies (nouvelles) des Saints , abrégées & deſtinées
à l'uſage de la jeuneſſe. in 8. *Paris* , 1771.

Vies (les) des Saints, pour tous les jours de l'année. in 12. *Paris* , 1772.

Vies (les) des Peres des déſerts d'Orient , avec
leur doctrine ſpirituelle & leur diſcipline Monaſti-
que , par le R. P. Michel Ange Marin. 2 vol. in 4.
Avignon , 1761.

Vies des Peres des Martyrs & des autres principaux
Saints , tirées des Actes originaux & des monu-
ments les plus authentiques , avec des notes hiſtoriques & critiques , ouvrage traduit de l'Anglois.
12 vol. in 8. *Paris* , 1780.

Vies (les) des Hommes Illuſtres de la France ,
depuis le commencement de la monarchie juſqu'à
préſent , par M. d'Auvigny. 26 vol. in 12. *Paris* , 1769.

———— Le même en 14 vol. de Plutarque. *Paris* ,
1772.

Vies (les) des Hommes & des Femmes Illuſtres
d'Italie. 2 vol. in 12. *Yverdon* , 1768.

Vie de l'Infant Dom Henri de Portugal, Auteur des
premieres découvertes qui ont ouvert aux Européens la route des Indes , traduit du Portugais
par M. l'Abbé de Cournand. 2 vol. in 12. *Paris* ,
1781.

Vie de Barberouſe , Général des Armées Navales de
Soliman II, Empereur des Turcs. in 12. *Paris* , 1781.

Vie (la) & les Amours des Tibulle , Chevalier Romain & de Sulpicie Dame Romaine , par Gillet
de Moyvre. 2 vol. in 12. *Paris* , 1743.

Vie (la) & les Avantures de Robinſon Cruſoé , traduit de l'Anglois. 4 vol. in 12. *Amſt.* 1775.

Vie (la) de mon Pere, par l'Auteur du Payſan
perverti. 2 vol. in 12. *Paris* , 1779.

Vie (la) de Marianne , où les Aventures de Mme.
la Comteſſe de *** , par M. de Marivaux. 4 vol.
in 12. *Rouen* , 1779.

Vie (la) & les opinions de Triftram Shandi, par
M. Frénais. 2 vol. in 12. *Paris*, 1777.

Vieillard (le) Abiffin, rencontré par Amlac Empe-
pereur d'Ethiopie. in 12. *Paris*, 1779.

Vues fur la juftice Criminelle, par M. Letrofne.
in 8. *Paris*, 1777.

Valeur (la) Ode, par Mero. in 12. *Paris*, 1779.

Valife (la) trouvée, par M. le Sage, nouvelle édition, avec fig. in 12. *Maeftricht*, 1779.

Village (le) de Munfter, nouvelle traduction de
l'Anglois. 2 vol. in 12. *Paris*, 1782.

Vifites au St. Sacrement & à la Ste. Vierge, pour
chaque jour du mois. in 12. *Liege*, 1779.

Voyage (Utilité des) fur Mer, pour la Cure de
differentes maladies & notamment de la confomp-
tion, traduit de l'Anglois, par M. Bourru. in 12.
Paris, 1770.

Voyageur (le) François, où la connoiffance de
l'ancien & du nouveau Monde, par M. l'Abbé de la
Porte. 28 vol. in 12. *Paris*, 1772.

Voyage autour du Monde, entrepris par ordre de
S. M. Britannique, pour faire des découvertes
dans l'Hemifphère Méridional, par M. Banks &
Solande, traduit de l'Anglois, avec fig. 4 vol.
in 4. *Paris*, 1774.

——— Le même, par M. Cook. 5 vol. in 4. *Pa-*
ris, 1776.

Voyage de Michel de Montaigne en Italie, par la
Suiffe & l'Allemagne en 1580 & 1581 avec des
notes, par M. de Querlon. in 4. *Paris*, 1774.

——— Le même. 3 vol. in 12. *Paris*, 1774.

Voyage du Capitaine Gulliver, en divers pays éloig-
nés, nouv. édition. 3 vol. in 12. *la Haye*, 1778.

Voyage en Sicile & à Malthe fait en l'année 1770,
par M. Brydone F. R. S., traduit de l'Anglois,
par M. de Meunier. 2 vol. in 12. *Amft.* 1776.

Voyage de Sophie & d'Eulalie au Palais du vrai
bonheur, par une jeune Demoifelle. in 12. *Pa-*
ris, 1781.

Voyages de Geneve & de la Touraine, fuivis de quelques opufcules, par M. ***. in 12. Orléans, 1779.

Voyage au Pole Boréal fait en 1773, par Conftantin-Jean Phipps, traduit de l'Anglois. in 4. Paris, 1775.

Voyage aux Moluques & la nouvelle Guinée, fait fur la galere, la Tartare en 1774, 1775, & 1776, par le Capitaine Forreft. in 4. avec planches & fig. Paris, 1780.

Voyage Pittorefque, où Defcription des Royaumes de Naples & de Sicile, contenant un précis Hiftorique de leurs révolutions, les Cartes, plans & vues du Royaume & de la ville de Naples, fes Palais, fes Eglifes, fes Tombeaux, grand in folio, fig. papier royal. Paris, 1781.

(a) Voyage Pittorefque de la Flandre & du Brabant, avec une méthode curieufe pour la connoiffance des Tableaux. in 12. Brux. 1772.

Voyage Pittorefque de Paris, où Indication de tout ce qu'il y a de plus beau dans cette ville en Peinture, Sculpture & Architecture, par M. D ***. VIe édition, avec fig. in 12. Paris, 1778.

Voyage Pittorefque des environs de Paris, par M. D ***. IVe. édition. in 12. Paris, 1779.

Voyages Métallurgiques, où recherches & Obfervations fur tous les Minéreaux, par feu M. Jars. 3 vol. in 4. avec fig. Paris, 1781.

Voyage Minéralogique fait en Hongrie & en Tranfilvanie, par de Born, traduit de l'Allemand par Monnet. in 12. Paris, 1780.

Voyage Agronomique, précédé du parfait Fermier, traduit de l'Anglois, par M. de Fréville. 2 vol. in 12. Paris, 1775.

Voyages (les) de Cyrus, avec un difcours fur la Mythologie, par Ramfay. in 12. Paris, 1728.

Voyage (le) forcé, par C. H. Nirel, M. L. in 12. Londres, 1778.

Vraie (la) Philofophie, par l'Abbé M ***. in 8. Paris, 1775.

Univers (l') Enigmatique , par le Marquis Caraccioli , nouv. édition. in 12. *Francfort* , 1760.

Uranographie , où contemplation du Ciel. in 12. *Paris* , 1780.

Vocabularium juris utriufque , ex variis ante editis præfertim ex Alexand. Scoti, Jo. Kahl, Barn , Briffonii, & Jo. Gottl. Heineceii acceffionibus , opera & ftudio B. Philip. Vicat, editio fecunda. 4 vol. in 8. *Neapoli* , 1760.

Voet (Johan.) Commentarius ad Pandectas , editio. ultima accuratior. 2 vol. in folio. *Coloniæ Allobrogum* 1778.

(a) Voet Compendium juris. in 8. *Lovan.* 1730.
—— De Ercifcunda Familia. in 8. *Brux.* 1717.
—— De jure Militari. in 8. *Brux.* 1728.
—— De Duellis licitis & illicitis. in 8. *Ultr.*

(a) Vinnius ad Inftituta. 2 vol. in 4. *Antv.* 1721.

Vinnii (Arnoldi) J. C. felectarum juris quæftionum libri duo , additæ funt alia quædam. in 12. *Lugd. Batavorum.*

W.

Werther , traduit de l'Allemand. 2 vol. in 12. *Maeftricht* , 1776.

(a) Wynants Decifiones curiæ Brabantiæ , editio cui acced. Decifiones ad Materiam præfertim Criminalem fpectantes , cum tractatu de Publicis judiciis. 2 vol. in 8. *Brux.*

LIVRES CLASSIQUES.

Caii Plinii fecundi Hiftoriæ Naturalis , libri XXXVII quos recenfuit & notis Illuftravit Gabriel Brotier. 6 vol. in 12. *Parifiis* , 1779.

Amænitates Poeticæ , five Theodori Bezæ , Marci-Antonii Mureti & Joannis Secundi Invenilia : tùm Ioannis-Bonefonii Pancharis : Joachimi-Bellaii Amores &c. *Lugduni-Batavorum* , 1779.

Titi Livii Patavini Hiftoriarum , ab urbe condita

Libri qui fuperfunt XXXV, recenfuit J. N. Lallemand. 7 vol. in 12. *Parifiis*, 1775.

Stultitiæ Laudatio Defiderii Erafmi declamatio : editio caftigatiffima denuo recognovit. A. G. M. Q.
in 12. *Londini*, 1777.

Imitation de J. C., traduction nouvelle fur l'édition Latine de 1764, par M. l'Abbé Valart. in 12.
Paris, 1780.

De Imitatione Chrifti libri quatuor, ad Manufcrip-
torum ac primarum éditionum fidem caftigati &
mendis plus fexcentis expurgati, recenfuit J. Valart. *Parifiis*, 1773.

C. Cornelii Taciti quæ exftant, opera recenfuit J.
N. Lallemand. 3 vol. in 12. *Parifiis*, 1760.

Francifci-Jofephi Desbillons Fabulæ Æfopiæ, curis
pofterioribus omnes ferè emendatæ : quibus accefferunt plus quam Clxx novæ. in 12. *Parifiis*,
1778.

Sarcotis & Caroli V. Imp. Panegyris, Carmina,
tùm de Heroicâ Poefi tractatus, Auctore Mafe-
nio. Adjecta & Lamentationum Jeremiæ Para-
phrafis, Auctore D. Grenan. in 12. *Londini*, 1771.

Matthiæ Cafimiri Sarbievii e Societate Jefu, Carmina, nova editio, prioribus longè auctior &
emendatior. in 12. *Parifiis*, 1759.

Jacobi Vanierii, Prædium Rufticum, nova editio
cæteris emendatior. in 12. *Parifiis*, 1774.

Inftini Hiftoriarum ex Trogo Pompeio libri XLIV.
in 12. *Parifiis*, 1770.

Cornelius Nepos, vitæ excellentium Imperatorum.
in 12. *Parifiis*, 1767.

Prædi Augufti Liberti Fabulæ, ad Manufcriptos Codices & optimam quamque editionem emen-
davit Steph. And. Philippe, accefferunt Notæ ad
calcem. in 12. *Parifiis*, 1754.

Q. Curtii Rufi de Rebus geftis Alexandri Magni
libri decem. in 12. *Parifiis*, 1757.

M. Valerii Martialis Epigrammatum libri, ad op-
timos codices recenfiti & caftigati, 2 vol. in 12.
Parifiis, 1764.

Marci Accii Plauti Comœdiæ quæ fuperfunt. 3 vol. in 12. *Parifiis*, 1759.

Publii Virgilii Maronis opera. 2 vol. in 12. *Londini*, 1744.

—— Idem. in 12. *Paris*, 1764.

—— Idem. in 12. *Paris*, 1767.

C. Julii Cæfaris commentariorum de Bello Gallico, libri feptem. 2 vol. in 12. *Parifiis*, 1755.

P. Ovidii Nafonis quæ fuperfunt. 3 vol. in 12. *Londini*, 1745.

—— Idem. 5 vol. in 12. *Paris*, 1762.

Caii Velleii Paterculi Hiftoriæ Romanæ. in 12. *Parifiis*, 1777.

Selecta Senecæ Philofophi opera, in Gallicum Verfa, opera & ftudio P. F. X. D. in 12. *Parifiis*.

Quinti Horatii Flacci Carmina, deterfis recentibus plerumque maculis, nitori fuo reftituta. in 12. *Parifiis*, 1775.

Caii Salluftii Crifpi quæ exftant opera. in 12. *Parifiis*, 1774.

Eutropii Breviarium Hiftoriæ Romanæ. in 12. *Parifiis*, 1754.

Marci Annæi Lucani Pharfalia, cum fupplemento Thomæ Maii. in 12. *Parifiis*, 1767.

Novum Jefu-Chrifti Teftamentum, ad exemplar Vaticanum accurate revifum. in 12. *Parifiis*, 1767.

C. Plinii Cæcilii fecundi Epiftolæ & Panegyricus trajano dictus, recenfuit Joannes Nic. Lallemand. in 12. *Parifiis*, 1769.

Catullus, Tibullus & Propertius, priftino nitori reftituti & ad optima exemplaria emendati, cum fragmentis C. Gallo infcriptis. in 12. *Parifiis*, 1754.

Auli Flacci Perfii, D. Juvenalis & Sulpiciæ fatyrarum, nova editio diligenter recognita. in 12. *Parifiis*, 1776.

Titi Lucretii Cari, de rerum natura libri fex, accedunt felectæ lectiones dilucidando Poëmati appofitæ. in 12. *Parifiis*, 1754.

—— Idem. in 12. *Londini*, 1749.

M. Tullii Ciceronis opera, recenfuit J. N. Lallemand. 14 vol. in 12. *Parifiis*, 1768.

Abrégé des Principes de la Grammaire Françoife,
par M. Reftaut. in 12. 1778.

Caii Vellei Paterculi Hiftoriæ Romanæ. in 12. 1778.

Caii Salluftii Crifpi Opera. in 12. 1778.

Catéchifme Hiftorique par Claude Fleury, confidérablement corrigé, précédé d'un avertiffement,
où l'on rend compte des corrections qu'on a
faites au Texte de l'Auteur. in 12. 1778.

Cornelius Nepos, de Vitis excellentium Imperatorum. in 12. 1778.

C. Juli Cæfaris Comment. de Bello Gallico. in 8. 1778.

Hiftoriæ Romanæ Res memorabiles. in 12. 1778.

M. Tullii Ciceronis de Officiis, de Senectute &
de Amicitia dialogi. in 12. 1778.

M. Tullii Ciceronis Orationes. 3 vol. in 12. 1778.

Selectæ Ciceronis & Plinii Epiftolæ. in 12. 1778.

Publii Ovidii Nafonis Metamorphofeon, libri XV.
cum interpretatione & notis. in 12.

Principes généraux de la Grammaire Grecque, par
M. Le Roi. in 8. 1779.

P. Virgilii Maronis Opera, cum interpretatione &
notis. 2 vol. in 12. 1779.

Phœdri Augufti Liberti Selecta Fabulæ. in 12. 1778.

Q. Curtii Rufi, de rebus geftis Alexandri Magni,
libri X. in 12. 1778.

Q. Horatii Flacci felecta Carmina, cum interpretatione & notis. in 12. 1779.

Terentius. 2 vol. in 12. *Paris*.

Rapin de Hortis &c. in 12. *Paris*, 1780.

Seneca de Beneficiis & de Clementia excerpta &
in Gallicum converfa. 1778.

Rudiment de la Langue Latine, par M. Ticot. in 8.

Inftitutiones Grammaticæ. in 8. 1779.

Grond-Regels der Latynfche Taele. in 8. 1779.

Eerfte Beginfelen van de Grickfche Taele. in 8. 1779.

Selecta Græcorum exempla. in 8. 1781.

Iliade d'Homere, Grecque. in 8. 1780.

SUPPLEMENT.

Lettres d'un Solitaire fur le Théâtre , où réfléxions fur le Tableau du fpectacle François. in 8. 1782.

Afmodée, où l'Amour en exil. *Lyon*, 1782.

Lettres d'un Docteur de Louvain, fur la réponfe du Cardinal Bathiani , à Jofeph II Empereur. *Vienne* , 1782.

Tableau de Paris. 4 vol. in 8. *Amft.* 1782.

Le Curé de Bocage , où fes converfations avec différents incrédules , par M. l'Abbé de la Motte. in 12. *Paris*, 1782.

Les Liaifons dangereufes, où Lettres recueillies dans une Société & publiées pour l'inftruction de quelques autres, M. C..... de C. 4 vol. in 12. *Paris* , 1782.

Hiftoire de St. Kilda , trad. de l'Anglois, par le R. P. Kenneth Macaulay. in 12. *Paris* , 1782.

l'Art de Nager , avec des avis par M. Thevenot. in 12. *Paris*, 1782.

L'Aventurier François , où Mémoire de Grégoire Merveil. 2 vol. in 12. *Paris* , 1782.

Le Prix de la Rofe de Salency , aux jeux de la Réligion. in 8. *Metz* , 1780.

Droit des Pauvres , par l'Auteur du Droit de Curés. in 8. *Geneve* , 1781.

Le Principes , l'Efprit & les devoirs du Gouvernement chrétien, où du Miniftere Epifcopal. in 8. *Metz*, 1780.

Voyage (nouveaux) en Efpagne , fait en 1777 & 1778. 2 vol. in 8. *Paris* , 1782.

Je veux être heureux , entretiens familieres par M. D***. Docteur de Sorbonne, Prieur-Cure Ameaux. 2 vol. in 12. *Paris* , 1782.

Obfervations faites & publiées par ordre du Gouvernement, fur différentes méthodes d'adminiftrer le Mercure dans les Maladies Vénériennes, par M. de Horne. 2 vol. in 8. *Paris* , 1779.

CATALOGUE

DE

LIVRES

DE MEDECINE, CHIRURGIE, ANATOMIE, PHARMACIE, CHYMIE, ALCHYMIE, &c.

Qui se trouvent chez Du Jardin, Libraire de LL. AA. RR.

A Bruxelles, au bas de la montagne de la Cour.

A Brége de l'Embryologie Sacrée, où traité des devoirs des Prêtres, des Médecins, des Chirurgiens & des Sages-Femmes envers les Enfans, qui sont dans le sein de leurs Meres, par M. l'Abbé Dinouart, seconde édition. in-12 *Paris*, 1774.

Abregé de l'Anatomie du Corps Humain, par M. Verdier Chirurgien-Juré, nouvelle édition augmentée. 2 vol. in-12. *Paris*, 1782.

Abregé de la Médecine pratique, où nouvelle Pharmacopée, traduit de l'Anglois. in-12. *Paris*, 1753.

Abrégé & Examen de l'Art des Accouchemens, par

demandes, & réponses, par Charles Godecharles.
avec fig. in-12. *Brux.* 1780.

Académie (Mémoire de l') Royale de Chirurgie,
15 vol. in-12. *Paris*, 1774.

Académie (Prix de l') Royale de Chirurgie, depuis l'année 1759-1774. 5 vol. in-4. *Paris*, 1778.
———— Le même. 13 vol. in 12.

Académie (Mémoires de l') Royale de Chirurgie.
5 vol. in-4. *Paris*, 1768.

Almanach Néceffaire, où Porte - Feuille de tous
les jours pour les Médecins.

Anatomie hiftorique & pratique par M. Lieutaud,
Nouvelle Edition augmentée des divers remar-
ques Hiftoriques, & Critiques, & de nouvelles
Planches, par M. Portal. 2 vol. in-12. *Paris*, 1776.

Anatomie (l') de l'Homme fuivant la Circulation
du Sang, & les nouvelles Découvertes demontrées au Jardin du Roi, par Feu Dionis. 6e.
édition in-8. *Paris*, 1780.

Art (l') des Accouchemens, par M. Baudelocque.
2 vol. in-8. avec fig. *Paris*, 1781.

Art (de l') du Dentifte, par M. Bourdet, Dentifte. 2 vol. in-12. *Paris*, 1757.

Art (l') des Accouchemens demontré par des
principes de Phyfique, & de Méchanique, par
M. André Levret Accoucheur. in-8. *Paris*, 1766.

Art (l') de difféquer méthodiquement les Mufcles
du Corps Humain, mis à la portée des Commençans, par M. Duverney. in-12. *Paris*, 1749.

Art (l') d'Accoucher réduit à fes principes, par
J. Aftruc. in-12. *Paris*, 1768.

Aphorifmes (les) D'Hippocrate.

Avis au Peuple fur fa Santé, par M. Tiffot Doct. en
Médecine, feptieme édition originale, revue & augmentée par l'Auteur. 2 vol. in-12. *Paris*, 1780.

Avis, & Préceptes de Médecine du Docteur Mead.
par M. Kaau Boerhaave Médecin; traduit par M.
de Puifieux. in-12. *Paris*, 1780.

Avis aux Femmes Enceintes, & en Couches, ou

traité des moyens de prévenir & guérir les Maladies qui les Affligent dans ces deux états ; traduit de l'Anglois de Charles White , & augmenté d'un traité fur l'Allaitement Maternel , par M...... Docteur en Medecine. in-12. *Paris* , 1774.

Botanographie Belgique , ou Méthode pour connoître facilement toutes les Plantes qui croiffent naturellement où que l'on cultive communément dans les Provinces Septentrionales de la France , par le Sieur François Jofeph Leftiboudois fils. in-8. *Lille* , 1781.

Chymie expérimentale & raifonnée , par M. Baumé. 3 vol. in-8. avec fig. *Paris* , 1773.

Chymie Hydraulique pour extraire les fels Effentiels des Végétaux , des Animaux & des Minéraux , par le moyen de l'Eau pure , par M. Le Comte de la Garaye. nouvelle édition revue corrigée & augmentée de Notes, par *M*. Parmentier. in-12. *Paris* , 1775.

Chirurgie complette fuivant le Syfteme des Modernes , troifieme édition revue , corrigée & augmentée par l'Auteur. 2 vol. in-12. *Paris* , 1777.

Code de Médecine militaire pour le fervice de terre , par M. Colombier. 5 vol. in-12. *Paris* , 1772.

Compofition du Remede de M. Daran pour la guérifon des difficultés d'uriner , publiée par lui-même , nouvelle édition. in-12. avec fig. *Paris* , 1780.

Connoiffance (de la) & du traitement des Maladies principalement des aigues , traduit du Latin de M. Eller , par J. Agathange le Roi. in-12. *Paris* , 1774.

Cours de Medécine pratique rédigé d'après les Principes de M. Ferrein , par M. Arnault. Nouvelle édition, augmentée. 3 vol. in-12. *Paris*, 1781.

Cours Élémentaire des Accouchemens , diftribué en 40 Leçons, in-12. *Mons* , 1775.

Cours d'Opérations de Chirurgie , demontrées au Jardin Royal , par M. Dicnis. 8e. édition in-8. *Paris* , 1777.

(4)

Defcription abregée des Maladies qui regnent dans
les Armées, avec la méthode de les traiter, par
M. van Swieten Médecin, nouvelle Edition.
in-12. *Paris*, 1777.

Dictionnaire Anatomique fuivi d'une Bibliothéque
Anatomique & Phyfiologique par M. Tarin Médecin. in-4. *Paris*, 1753.

Dictionnaire Botanique & Pharmaceutique, contenant
les principales propriétés des Minéraux, des Ve-
gétaux, & des Animaux d'Ufage, avec les pré-
parations de Pharmacie internes & externes.
in-12. *Paris*, 1777.

Dictionnaire portatif de Médecine, d'Anatomie,
de Chirurgie, de Pharmacie, de Chymie, d'Hiftoire Naturelle, de Botanique, & de Phyfique,
par Jean F. R. Lavoifien. in-12. *Paris*, 1771.

Dictionnaire portatif de Santé, par M. L*** troifième édition confidérablement augmentée. 3 vol.
in-12. *Paris*, 1768.

Dictionnaire des Pronofties, où l'Art de prévoir
les bons où mauvais événemens dans *les* Maladies, par M. D. T. 2 vol. in-12. *Paris*, 1770.

Dictonnaire raifonné d'Anatomie & de Phifiolo-
gie. 2 vol. in-12. *Paris*, 1766.

Dictionnaire de Chymie, contenant la théorie,
& la pratique de cette Science, fon application
à la Phyfique, à l'Hiftorie Naturelle, à la Médecine & aux Arts dépendans de la Chymie,
par M. Macquer. Nouvelle édition corrigée,
& augmentée d'une Table de Matieres. 4 vol.
in-8. *Paris*, 1780.

Dictionnaire portatif de Chirurgie, ou Tome 3e.
du Dictionnaire de Santé, par M. Sue le jeune
in-8. *Paris*, 1772.

Dictionnaire Anatomique fuivi d'une Bibliothéque
Anatomique & Phyfiologique, par M. Tarin in-4.
Paris, 1753.

Difcours fur la meilleure Méthode de pourfuivre

les recherches en Médecine , par M. James Sims ,
traduit de l'Anglois , par J. M. Jaubert Médecin. in-12. *Avignon* , 1778.

Differtation fur les Maladies de l'Uretre , par M.
Guerin Chirurgien in-12. *Paris* , 1780.

Differtation fur la Petite Verole in-12. *Paris* , 1758.

Differtation Medico-Pratique , fur l'ufage des Ra-
fraichiffans , & des Echauffans dans les Fievres
Exauthématiques, par M. Cariere in-8. *Paris*, 1778.

Differtatio de Vomitoriorum ufu , abufu , & de-
lectu five refponfio ad quæftionem,&c. perP.Walc-
kiers. in-12. *Lovanii* , 1781.

Elémens de Chirurgie , en Français avec des Notes ,
par M. Seu le jeune. in-12. *Paris* , 1774.

Elémens de Phyfiologie , par M. Alb. de Haller ,
traduction nouvelle du Latin en Français , par
M. Bordenave. in-12. *Paris* , 1769.

Elémens de Pharmacie théorique , & pratique , par
M. Baumé in-8. fig. *Paris* , 1773.

Elémens de Semeiotique , par M. M. D. T. Docteur. in-12. *Bouillon* , 1777.

Elémens de Chimie théorique & pratique redigés
dans un nouvel Ordre , d'après les découvertés
modernes pour fervir aux cours publics de
l'Académie de Dijon. 3 vol. in-12. *Dijon* , 1777.

Effai fur les Maladies des Gens du Monde , par
M. Tiffot. 3e. édition in-12. *Lyon* , 1771.

Effai fur la Maladie des Yeux , par M. Guerin.
in-12. *Lyon* , 1769.

Effai fur les Eaux Minérales , & Médicinales de la
ville de Bourbon-l'Archambault ; par M. Faye
Médecin. in-12. *Paris* , 1768.

Effai fur l'action de l'Air dans les Maladies Con-
tagieufes, par M. Menuret. in-12. *Paris* , 1781.

Effai fur les Lieux , & les Dangers des Sépultures ,
traduit de l'Italien par M. Vicq D'Azir de la
faculté de Paris. in-12. *Paris* , 1778.

Effai fur l'ufage de l'Ecorce du Garou , où Traité

des effets des Exutoires, employés contre des Maladies rebelles, & difficiles à guerir, nouvelle édition augmentée, par J. Agathange Le Roy Docteur. in-12. *Paris*, 1774.

Essai sur l'Abus des regles générales & contre les préjugés qui s'oppofent au progret de l'Art des Accouchemens, par André Levret Accoucheur. in-8. *Paris*, 1766.

Essai sur les moyens de rendre les facultés de l'Homme plus utiles à fon bonheur, traduit de l'Anglois, par M. Jean Gregory Profeffeur. in-12. *Paris*, 1775.

Essai sur la Santé, & sur l'éducation Médicinale des Filles deftinées au Mariage, par M. Venel Docteur. in 8. *Yverdon*, 1776.

Essai d'Exhortations sur les Etats différens des Malades, par Meffire à Blanchat. nouv. Edition augmentée, 2 vol. in-12. *Paris*, 1735.

Etat de Médecine, Chirurgie, & Pharmacie en Europe. in-12. *Paris*, 1776.

Examen de la queftion Medico-Politique, par N. F. J. Eloy in-8. *Mons*.

Expériences fur les Végétaux, auxquelles on a joint une méthode nouvelle de juger du Degré de Salubrité & de l'Atmofphère, par Jean Jugen-Houfz Médecin. in-12. *Paris*, 1780.

Expériences propres à faire connoitre que l'Alkali Volatil Fluor, eft le remede le plus efficace dans les Afphyxies; par M. Sage 3e. édition in-8. *Paris*, 1778.

Expofition Anatomique de la Structure du Corps Humain, par M. Winflow. nouvelle édition. 4 vol. in-12. *Paris*, 1776.

Guide (le) du Malade Ouvrage de Médecine Philofophique & Moral, par M. Demarque. in-12. *Paris*, 1779.

Haen (Anton. de) Confiliarii & Archiatri S. C. R. A. Majeftatis, nec non Medicinæ in Univerfitate Vindobonenſi Profeſſoris Primarii , ratio Medendi in Noſocomio Practico. 11 vol. in-12. *Pariſiis* , 1771.

Hiſtoire de la Chirurgie , depuis ſon Origine juſqu'à nos jours, par M. Dujardin. 2 vol. in-4 *Paris* , 1774.

Hiſtoire de l'Anatomie , & de la Chirurgie, par M. Portal. 5 vol. in-12. *Paris* , 1770.

Homme , (de l') & de la Femme conſidérés Phyſiquement dans l'état du Mariage , par M. de Lignac nouvelle édition revue & augmentée par l'Auteur, avec de nouvelles figures. 3 vol. in-12. *Lille* , 1776.

Inoculation (l') rectifiée , par M. de Pouſard Docteur. in-12. *Bordeaux* , 1776.

Inſtruction pour les Sages-Femmes , où méthode aſſurée pour aider les Femmes dans les Accouchemens Naturels , & Laborieux , par M. Didelot. in-12. *à Nanci.*

Inſtructions Succintes ſur les Accouchemens en faveur des Sages-Femmes des Provinces ; par M. Raulin Docteur. 2e. Edition. in-12. *Paris* , 1770.

Inſtructions de Médecine , par M. Herman Boerhaave , ſeconde édition avec un Commentaire , par M. de la Mettrie Docteur en Médecine. 8 vol. in-12. *Paris* , 1743.

Inſtitutions de Chirurgie , où l'on traite dans un ordre clair & nouveau , de tout ce qui à rapport à cet Art , Ouvrage de près de 40 ans , orné de figures , traduit du Latin par M. Laurent Heiſter , Médecin. 3 vol. in-4. *Paris* , 1771.

Lettre à Mr de Brauville 1er. Chirurgien de L.L. M. I. R. A., par Mr de Cambou Chirurgien ſur trois Opérations de la Symphyſe. in-8. *Mons* , 1780.

Lettre ſur la méthode de guérir les Maladies Vénériennes, par M. de Vernage Docteur. in-12. *Paris* , 1753.

Maniere d'ouvrir, & de traiter les Abscès. in-12
Paris, 1765.

Médecine primitive, ou Recueil des Rémedes à
l'usage des gens de la Campagne, des Riches,
& des Pauvres. in-12. *Lyon*, 1772.

Médecine (la) pratique rendue plus simple, plus
sure, & plus méthodique, par M. le Camus,
Docteur. 3 vol. in-12. *Paris*, 1769.

Médecine (la) & la Chirurgie des Pauvres, par
***. in-12. *Paris*, 1753.

Médecin (le) des Dames, où l'Art de les conserver en Santé, nouvelle édition. in-12. *Paris*, 1773.

Médecine Domestique, par Guillaume Buchan,
traduit de l'Anglois, par du Planil. 5 vol. in-8.
Paris, 1780.

Médecine pratique de Sydenham avec des Notes,
ouvrage traduit en François sur la derniere édition Angloise; par feu M. A. T. Jault Docteur,
&c. in-8. *Paris*, 1774.

Médecin des Hommes depuis la Puberté, jusqu'à
l'extrême Vieillesse. in-12. *Paris*, 1772.

Médecine (Manuel de) pratique Royale, & Bourgeoise par M. Buc'Hoz, Médecin. in-12. *Paris*, 1771.

Médicamens (Formules des) usitées dans les différens Hôpitaux, nouvelle édition. in-12. *Paris*, 1780.

Mélange de Physique & de Médecine, par M. le
Roi Professeur. in-8. *Paris*, 1771.

Mémoires, & Observations Anatomiques, Physio-
logiques & Physiques sur l'Œil, & sur les Maladies qui affectent cet organe; avec un précis
des opérations, & des remedes, qu'on doit
pratiquer pour les guérir, par M. Jean Janin.
in-8. *Paris*, 1772.

Mémoire (Second) sur l'Inoculation de la Petite
Vérole. nouvelle édition. in-12. *Avignon*, 1761.

Mémoire Historique sur la Maladie singuliere de
la Veuve Mehm. in-12. *Paris*, 1776.

Mémoires sur les Bandages propres à retenir les

Hernies , par M. Geoffroi. in-4. *Paris* , 1776.

Mémoires fur l'Inoculation de la Petite Vérole. 3e. Edition. in-12. *Avignon* , 1755.

Mémoire fur l'ufage des Narcotiques dans les Fièvres intermittentes , par M. Duchanoy , Docteur. in-12. *Paris* , 1780.

Mémoire Clinique fur les Maladies Vénériennes , in-12. *Paris* , 1780.

Méthode (Nouvelle) d'Extraire la Pierre de la Veffie Urinaire par-deffus le pu bis. in-12 avec fig. *Paris* , 1779.

Nofologie méthodique , dans laquel les Maladies font rangées par claffe fuivant le Syftéme de Sydenham , & l'ordre des Botaniftes , traduit du Latin , de M. François Boiffier de Sauvages. 3 vol. in-8. *Paris* , 1770.

Nofologie méthodique , ou Diftribution des Maladies , par François Boiffier de Sauvages. 10 vol. in-12. *Lyon* , 1772.

Obfervations fur les Maladies Epidemiques , Ouvrage rédigé d'après le tableau des Epidémiques d'Hippocrate & dans lequel on indique la meilleure méthode d'obferver ce genre de Maladies , par M. Lépecq de la Clôture. in-4. *Paris* , 1776.

Obfervations fur les pertes de Sang des Femmes en Couches , & fur le moyen de les guérir par M. le Roux. in-8. *Dijon* , 1776.

Obfervations fur la Cure Radicale de plufieurs Polypes de la Matrice , de la Gorge , & du Nez , par M. A. Levret , Accoucheur in-8. *Paris* , 1771.

Obfervations , & Differtations de Médecine pratique publiées en forme de lettres , par M. Tiffot. 2 vol. in-12. *Laufanne* , 1780.

Obfervation fur la guérifon d'une Phthifie Pulmonaire, par M. Daffy-d'Arpajan. in-12. *Laufanne* , 1779.

Obfervation fur la Petite Vérole Naturelle , & Artificielle. in-12. *la Haye* , 1760.

Obfervation (Collections d') fur les Maladies &

Conſtitutions Ēpidémiques ; par M. Lépecq de la Clôture, Docteur. 2 vol. in-4. *Paris*, 1778.

Obſervations nouvelles ſur les propriétes de l'Alkali Fluor Amnionical. in-8. *Paris*, 1778.

Obſervations (Nouvelles) ſur les Maladies Véné- riennes, par M. Fabre, avec une table Analy- tique. in-8. *Paris*, 1779.

Œuvres de M. Boſc d'Autic, Docteur. 2 vol. in-12. *Paris*, 1780.

Œuvres de Chirurgie de M. Goulard. 2 vol. in-12. *Leige*, 1779.

Œuvres Diverſes de M. François Boiſier de Sau- vage. 2 vol. in-12. *Paris*, 1771.

Œuvres Chirurgicales de M. Percival Pott, traduite de l'Anglois, ſur la ſeconde édition, par M***. Docteur en Médecine. 2 vol. in-8. *Paris*, 1777.

Onaniſme (l') Diſſertation ſur les maladies produites par la Maſturbation, par M. Tiſſot. nouvelle édi- tion. in-12. *Lauſanne*, 1774.

Pharmacopée Univerſelle , contenant toutes les compoſitions de Pharmacie, qui ſont en uſage dans la Médecine , avec un Lexicon Pharmaceu- tique ; par M. Nicolas Lemery 4e. édition. in-4. *Amſterdam*, 1758.

Pharmacopée de Lyon , ou Expoſition méthodique des Médicamens ſimples & compoſés, par M. Vitet Médecin. in-4. *Lyon*, 1778.

Phiſico Chymie théorique, en Dialogue, par L. J. Decroix Apothicaire. in-8. *Lille*, 1768.

Phyſiologie des Corps Organiſés édition Françaiſe. in-12. *Bouillon*, 1775.

Pratique moderne de la Chirurgie , par M. Ra- ſoin. 4 vol. in-12. avec fig. *Paris*, 1776.

Pratique (la) des Accouchemens, par M. Al- phonſe le Roy. *Paris*, 1776.

Précis des moyens de ſecourir les perſonnes em- poiſonnées, par le Poiſon Corroſif, par M. Na- vier Fils. in-12. *Paris*, 1778.

Précis d'une nouvelle théorie fur les Maladies Chroniques, par M. de la Baſtays Docteur. in-12. *Amſt.* 1780.

Précis des Maladies Chroniques & Aigues, par Didelot. 2 vol. in-12. *Nanci*, 1774.

Précis de la matiere Médicale, contenant ce qu'il importe de ſavoir fur la Nature, les propriétés & les doſes des Médicaments, tant ſimples qu'Officinaux; avec un grand nombre de Formules, par M. Lieutaud. Nouvelle édition revue par l'Auteur. 2 vol. in-8. *Paris*, 1776.

Précis de la Médecine pratique, contenant l'Hiſtoire des Maladies, & la maniere de les traiter; avec des obſervations & des remarques critiques fur les points les plus intéreſſants, par M. Lieutaud &c. Nouvelle édition revue par l'Auteur. 2 vol. in-8. *Paris*, 1777.

Précis Hiſtorique des affaires rélatifs au Magnétiſme-Animal, par M. Meſmer Docteur, traduir de l'Allemand. in-12. *Londres*, 1781.

Précis concernant l'établiſſement d'une Société & Correſpondance de Médecine. in-4. *Paris*.

Pronoſtic (du) dans les Maladies Aigues, par M. le Roy Profeſſeur. *Montpellier*, 1776.

Pulmonie (de la) de ſes ſymptomes, de ces cauſes de ſes différences, & de ſa curation, par M. Jannet des Longrois. in-12. *Paris*, 1781.

Queſtion agittée dans les écoles de la faculté de Médecine de Reims, par M. Navier Fils. in-12. *Paris*, 1778.

Ratio occurendi Morbis a Mineralium abuſu produci ſolitis Auctore Theodor. Petro Caels. in-12. *Brux.* 1781.

Recherches Hiſtoriques, & Phyſiques fur les Maladies Epizootiques, avec les moyens d'y rémédier dans tous les cas, publiées par ordre du Roi, par Paulet Docteur. 2 vol. in-8. *Paris*, 1775.

Recherches pratiques, fur les différentes manieres

de traiter les maladies Vénériennes , par **J. J.** Gardane. in-8. *Paris* , 1774.

Recherches fur les Pouls , par rapport aux Crifes , par **M.** Theophile de Bordeu Docteur. 2e. édition. 4 vol. in-12. *Paris* , 1768.

Recherches fur la Rage , par **M.** Andry , nouvelle édition. in-12. *Paris* , 1780.

Recueil des piéces , qui ont concouru pour le prix de Académie Royale de Chirurgie. 13 vol. in-12. *Paris* , 1778.

Recueil d'Obfervations de Médecine des Hôpitaux Militaires. 2 vol. in-4. *Paris* , 1766.

Recueil de Mémoires , & d'Obfervations fur la formation , & fur la fabrication du Salpétre. in-8. *Paris* , 1776.

Recueil des Œuvres Phyfiques , & Médicinales , par **M.** Richard Mead , traduction Françaife , par **M.** Cofte Médecin. 2 vol. in-8. *Bouillon* , 1774.

Réflexions Medico-Chirurgicales , par **M.** Trecourt in-12. *Bouillon* , 1773.

Réponfe aux Remarques Critiques de **M.** Dufau , par **M.** Raulin. in-12. *Amfl.* 1778.

Séance publique tenue par la faculté de Médecine en l'Univerfité de Paris ; dans les écoles exterieures de la Sorbonne. Le 5 9bre 1778 & 1779. 2 vol. in-4. *Paris.*

Splanchnologie ou l'Anatomie des Vifceres ; par René Croiffant de Garengeot. 2e. édition. 2 vol. in-12 avec fig. *Paris* , 1742.

Splanchnologie raifonnée , rédigée en demonftrations , par **M.** Flurant. 2 vol. in-12. *Paris* , 1752.

Supplément au Traité des Maladies Chirurginales , de **M.** Petit. in-12. *Paris* , 1779.

Syfteme nouveau & complet de l'Art des Accouchemens tant théorique , que pratique ; avec la defcription des Maladies &c. traduit de l'Anglois , par **J.** Burton , par **M.** le Moine Docteur en Médecine. 2 vol. in-8. *Paris* , 1771.

Tableau de l'Economie Animale, ou nouvel abrégé de Physiologie ; par M. Groffin Duhaume Médecin. in-12. *Paris*, 1778.

Traduction des Ouvrages d'Aurelius-Cornelius Celfe fur la Médecine, par M. Ninnen Docteur. 2 vol. in-12. *Paris*, 1753.

Tiffot (S. A. D.) Medicinæ Doctoris Differtatio de Frebribus Biliofis, feu Hiftoria Epidemiæ Biliofæ. in-12. *Laufannæ*, 1780.

Traité Complet de Chirurgie, contenant des obfervations & des réflexions fur toutes les Maladies Chirurgicales, & fur la maniere de les Traiter, par M. Guillaume Manqueft de la Motte Chirurgien-juré. Troifième édition revue corrigée & augmentée de Notes Critiques, par M. Sabatier Profeffeur Royal &c. 2 vol. in-8. *Paris*, 1771.

Traité Complet d'Anatomie, ou Defcription de toutes les parties du Corps Humain, par M. Sabatier. 3 vol. in-12. *Paris*, 1777.

Traité de la vrai caufe des Maladies, & la maniere la plus fure de les guerir par le moyen d'un feul remede, par Meffire Jean Gafpard d'Ailhaud. in-12. *Strasbourg*, 1777.

—— Le même. *Carpentras*, 1776.

Traité de la Fievre Militaire des Femmes en Couche, par M. Gaftellier, Doct. in-8. *Montargis*, 1779.

Traité de la Petite Vérole augmenté d'un Traité fur les Rémedes Domeftiques, par M. Groffin Duhaume, Docteur. in-12. *Paris*, 1779.

Traité des mauvais effets de la Fumée de la Litharge, par Samuel Stockhufen, Médecin. in-12. *Paris*, 1776.

Traité Chimique de l'Air, & du Feu, par Charles-Guillaume Scheele ; avec une introduction de Torbern Bergmann Profeffeur, Ouvrage traduit de l'Allemand, par le Baron de Dietrich. in-12. *Paris*, 1781.

Traité des Maladies Vénériennes, par M. Preffavin ; nouvelle édition. in-12. *Geneve*, 1775.

Traité des Accouchemens en faveur des Eleves, par M. F. A. Deleurye, Membre du College de Chirurgie. &c. &c. feconde edition. *Paris*, 1777.

Traité des Nerfs, & de leurs Maladies, par M. Tiffot. 5 vol. in-12. *Paris*, 1780.

Traité des Maladies Vénériennes , par M. Fabre. in-8. *Paris*, 1778.

Traité des Maladies Chirurgicales , par M. Petit. 3 vol. in-8. *Paris*, 1778.

Traité des Maladies Chirurgicales , & des opérations qui leur conviennent, par M. Chopart, & Default Profeffeur de l'Ecole pratique. 2 vol. in-8. *Paris*, 1779.

Traité des Fievres de M. André Piquer Médecin de S. M. C. traduit de l'Efpagnol en François, par M***. D. M. M. fur la troifieme & derniere édition de 1768 revu & corrigé, par M. M. C. & R. Profeffeurs en Médecine. in-8. *Montpellier*, 1776.

Traité (Nouveau) des Vapeurs, ou Traité des Maladies des Nerfs, par M. Preffavin. in-12. *Paris*, 1770.

Traité des Schrophules vulgairement appelées Ecrouelles , ou Humeurs Froides , par M. Pierre Lalouette, Docteur. in-12. *Paris*, 1780.

Traité des Rémedes Domeftiques, pour faire fuite au Traité de la petite Vérole, par M. Groffin Duhaume , Docteur. in-12. *Paris*, 1779.

Traité des Maladies des Femmes en Couche , avec la méthode de les Guérir, par Raulin, Docteur. in-12. *Paris*, 1771.

Traité des Lefions de la Téte , par Contre-Coup, par Méhée de la Touche. in-12. *Avignon*, 1774.

Traité de la confervation des Enfans, par M. Raulin, Docteur. Seconde édition. 3 vol. in-12. *Paris*, 1779.

Traité de l'Epilepfie , faifant. le Tome 3e. du Traité des Nerfs , & de leurs Maladies , par M. Tiffot, D. M. &c. in-12. *Paris* , 1770.

Traité Analïtique des Eaux Minérales en Général, par M. Raulin, Docteur. 2 vol. in-12. *Paris* , 1772.

Traité de l'Apoplexie Paralyfie , &c. par feu M. Marquet. in-12. *Paris* , 1770.

Traité du Farcin , Maladie des Chevaux , & des moyens de les guérir, par M. Hurel, Mtre. Maré. chal. in-12. *Amft.* 1775.

Traité des Alimens , par M. Louis Lemery , Docteur. 3e. édition. 2 vol. in-12. *Paris*, 1755.

Traité des Fleurs blanches , avec la méthode de les guérir, par M. Raulin, Docteur. 2 vol. in-12. *Paris*, 1766.

Traité de toutes les efpéces de Coliques , par Jean Purcell, Docteur. in-12. *Paris*, 1767.

Traité des Maladies des Enfans, par M. Paul, Médecin. in-12. *Paris* , 1759.

Traité Général des Accouchemens , par M. Dionis, Chirurgien. in-12. *Paris*, 1724.

Traité des Maladies de l Urethre, par M. Alliés. in-12. *Paris*, 1755.

Traite des affections Vaporeufes des deux Sexes, par M. Pomme, Docteur. 4e. édition. 2 vol. in-12. *Lyon* , 1769.

Traité de l'Authrax , ou de la Puftule Maligne. in 12. *Paris*, 1781.

Traité hiftorique & pratique de la Végétation , contenant plufieurs expériences nouvelles & démonftratives fur l'Economie Végétale & fur la Culture des Arbres , par M. Muftel. 2 vol. in-8. *Paris* , 1781.

Tréfor (le) des Sciences ou la fage Economie des Gens prudens. Nouv. édition. 5 vol. in-12. *Mons* , 1756.

Anonymi introductio Anatomica cum Notis Trilleri & Bernard. in 8. *Lugd. Bat.* 1741.

Boerhaave introductio in praxim Clinicam. in-4. *Lugd. Bat.* 1740.

——— Atrocis morbi Hiftoria. in 8. *Lugd. Bat.* 1728.

——— De utilitate Explorandorum. in 8. *Lugd. Bat.* 1742.

——— De Lue Venereâ, acced. de utilitate explorandorum. in 8. *Lugd. Bat.* 1762.

Cocchii Vindiciæ Cortucis Peruviani. in 8. *Lugd. Bat.* 1750.

Collin de Morbis Acutis & Chronicis. in 8. *Lugd. Bat.* 1764.

Demetrius de Podagra cum Notis Bernard. in 8. *Lugd. Bat.* 1743.

Euftachius de Plethora. in 8. *Lugd. Bat.* 1765.

Fafciculus Differtationum Medicarum. in 8. *Lugd. Bat.* 1745.

Fraind Opera omnia Medica. 3 vol. in 8. *Lugd. Bat.* 1750.

Gorter (de) de Secretione Humorum e Sanguine. in 4. *Lugd. Bat.* 1761.

——— De Actione Viventium. in 4. *Amft.* 1748.

——— Medicina Dogmatica. in 4. *Harder*, 1741.

——— Morbi Epidemici Curatio. in 4. *Amft.* 1733.

——— Praxis Medicæ fyftema de Morbis. in 4. 2 vol. *Harderov.* 1764.

Lambrechts Compendium Anatomico Medicum. in 8. *Harder.* 1747.

Lommius de Sanitate tuenda. in 8. *Lugd. Bat.* 1734.

Lower de Corde, motu, transfufione Sanguinis, &c. avec fig. in 8. *Lugd. Bat.* 1740.

Muys Inveftigatio Fabricæ quæ in partibus Mufculos componentibus extat. in 4. *Lugd. Bat.* 1741.

Obfervat. de Calculo Rau & Denys. in 8. *Lugd. Bat.* 1731. fig.

Papa de Humoribus Humano in Corpore. in 8. *Lugd. Bat.* 1736.

Synefius de Febribus cum Notis Bernard. in 8. *Amft.* 1743.